禪門。

聖嚴法師 著

自序

禪宗強調不立文字，它的列祖列宗又偏偏都有說不完的葛藤絡索。如何說明這種矛盾的事實？古人多將龐大的佛言祖語喻為導迷標月的手指。可惜的是，世人雖然渴望見到月亮的光輝，反被多姿多彩爭豔鬥妍的指陣所迷。大家指望從禪籍中，悟到一些「本來面目」的消息，竟被陷入文字障中不能自拔又不自知。讓那些古怪有趣的瘋言瘋語，弄得眼花撩亂，還真以為是摸到了自己的鼻子，就在嘴唇的上邊。

一九七六年起，我也在東、西兩半球，四處教禪、講禪、寫禪，迄今已出版了十九冊與禪相關的中英文著述。不過，我雖遍讀收於《大藏經》中的歷代禪宗語錄及禪宗史傳，著眼點則不在於增長禪宗知識的見聞，也不在於考察真偽和嫡裔傍傳的禪學等問題，更不在於分析推敲從古人牙縫裡遺漏下來的那些殘滓剩羹所指為何？我的宗旨，是將正統禪修的觀念及禪修的方法，透過通俗易懂的文字，分享給有緣的現代大眾。

古人用「指月」形容經義祖訓的功能。也有趙州從諗禪師將自己反鎖室內而燒滿屋煙，大喊「救火！救火！」的公案，當時南泉禪師從窗口將鑰匙投入，令趙州自開門戶、自出火窟。我則常說：「我所講的寫的，不過是給人一把鑰匙，教人自尋門戶、自投鎖孔、自開悟門。」我不會嚼食餵嬰，也不會代人吃飯，所以將這次出版的兩本書，取名為《禪鑰》及《禪門》。

一般人都把禪修的焦點，集中在頓悟成佛、明心見性，往往造成兩種極端：1.聰明伶俐、自負自信的人，以為開悟是垂手可得、毫不費力的事，略得一知半解，便以為大悟徹底，實則卻與悟境了不相干。2.資稟較鈍、思路緩慢的人，便會以為反正開悟無望，也就不想接受禪修的法門了。

我的目的，是將禪修的觀念及禪修的方法，普遍地推廣到每一個人的日常生活中去。禪法的最終目標，的確是開悟成佛，若不能開悟，只要運用禪法，就對身心的健康與平衡，有大受用。所以我依據根本佛法的觀點，建議禪修者們，千萬不要急求開悟。古人主張剋期取證，用心良苦，而操之過急，等於揠苗助長，不僅不切實際，也容易使初學者萌生退心。

我經常介紹的禪修觀念是：認識自我、肯定自我、成長自我、消融自我。以「有」為入手方便，以「無」為禪修方向，以努力修行的過程為永久的目標。我到處指導的禪修方法是：放鬆身心，集中、統一、放下身心世界、超越於有無的兩邊。能夠徹底超越，便是大悟徹底。

對於今日社會中忙碌不已的人們來說，也有可能開悟，縱然僅得初嘗禪修的滋味，也就非常實惠。若不能很快地體驗到大悟徹底的無我自在，也不用著急，若能練習好放鬆身心的工夫，可穩定情緒，也可增長一些自知之明的自信心和自尊心了。

這兩本書共收三十一篇文章，幾乎每篇都是介紹禪修的觀念和禪修的方法。不論你是不是佛教徒，也不管你是不是已有禪修的基礎認識及那一種程度的修行經驗，當你讀完之後，一定會有參考的價值。

禪宗的極致，以無門為門，不用任何方法。初步的著力點，還是要用方法。這兩本書所收的具體方法，便是五停心、二入四行、禪七開示、平常生活、調身安心等。其餘的內容，無論用什麼字眼來做標示說明，都是貼緊著禪修的立場，向你介紹禪修觀念及禪修方法的活用與實用。

這兩本書所收各篇，除了七篇尚未刊出過，其餘均曾發表於《人生》及《法鼓》兩種雜誌。刊出之時，僅有兩篇由我直接撰寫，其餘都是幾位僧俗弟子及信眾們，將我演講的錄音帶整理成文。半數已於刊出之前，經我看過、改過，甚至全篇重寫過，另半數由於我的時間不夠，未能仔細修潤。因此這回我從英國禪七返抵紐約，利用一週的課餘空檔，夜以繼日地花了一番手腳，便以《禪鑰》及《禪門》的面貌跟讀者相見了。

這兩本書能夠順利出版，我要感謝的人很多，除了請我演講的單位、團體、學府，以及為我整理文稿的諸君，均已在各篇的篇末註明，用表謝意，用表紀念。我也要對為本書抄稿、校稿、出版、發行、傳閱的諸善知識，致深深的謝意。例如為這兩本書提供插繪的劉建志居士、法鼓文化輔導師果在法師、總經理張元隆居士、主編果光法師、責任編輯賴月英居士，為我謄稿的姚世莊居士等。如果沒有這些善緣，我便沒有演講及出書的機會了。

一九九五年六月二十三日聖嚴序於紐約東初禪寺

目錄

虛與實

最近我收到兩幅畫，那是臺灣唯一的，而且也是最傑出的瀝青畫家邱錫勛用柏油畫的；他的作品已受到全世界歐美等藝術界的肯定和重視。這兩幅畫，一幅是我個人的肖像，另一幅是達摩像。

這幅達摩像，與一般人畫的不同，一般人畫的達摩通常是一葦渡江，踩著蘆葦在江上前行；或是達摩面壁；或是達摩身上背了一頂大草帽，手上拿著一把方便鏟等。但是我這次收到的達摩像非常特別，在一幅很大的畫中，只有在四分之一的地方，畫了一個達摩頭，而且是畫在靠近畫框的角上，其他的部分都是空白。

我看了以後就對這位畫家說：「你畫的時候很快，大概不到一個小時就畫完了，可是你可能想了很多天。」他回答說：「真是知音，的確，在我畫的時候，幾筆就畫出來了，可是畫成這樣一幅畫，卻在腦子裡想了很多天。」

一、以虛為實，以實為虛

這幅畫的下面部分，都是空白，一般人大概把空白的地方切掉，只留下這個達摩頭，但是他卻在空白的下角簽了名，這就是「以虛為實，以實為虛」。這位畫家好像懂了禪宗的意境。

請問諸位：有人的地方是虛呢？還是沒有人的地方是虛？有東西的地方是虛呢？還是沒有東西的地方是虛？事實上，有人的地方是虛，沒有人的地方是實；有東西的地方是虛，無東西的地方是實。

譬如：魚在水裡游，到處都是水，但魚的肚子裡不是水而是魚的細胞組織，所以有魚的水是虛，無魚的水是實。我們人在空間之中也是一樣，空間本身的密度很高，連在一起，故是實；人在裡面活動，占有一部分空間以後，這個「實」就會受到一點障礙，故成虛。故也應該說：「真空是實，太空是虛。」

可是「實」永遠是實，當人離開的時候，那個地方又恢復了原狀，正如魚游過以後，水又恢復了原狀一樣。所以實是永遠不變的，而虛是變動無定的，這個道理很容易懂。

有魚的水是虛
無魚的水是實

虛幻的世界，虛幻的現象，使凡夫顛倒夢想，煩惱不已。
如能脫離幻象，便如《圓覺經》所說「知幻即離，離幻即覺」，就能夠解脫，得自在。
聖嚴師父 聖訓 弟子劉建忠 作畫

而我們凡夫是顛倒的，以虛為實，以實為虛，所以產生煩惱。看到好看的就貪，遇到不適意的就瞋，事實上，這都是我們面對「虛幻」所產生的心理反應，如果面對「真實」，就不會有任何問題發生。因此，虛幻的世界、虛幻的現象，讓我們凡夫顛倒夢想，煩惱不已。

如果能離開虛幻的現象，便像《圓覺經》說的「知幻即離」、「離幻即覺」。就能夠得解脫、得自在。

二、眼前所見無非幻相

在我們農禪寺的大殿前面，供奉了一尊玉佛，這一尊玉佛是真的？還是假的？如果說是假的，那又是真的玉佛；如果說是真的，那尊玉佛的名詞叫作玉佛，只是代表著佛的像，佛就是這個樣子嗎？那就是佛嗎？當然不是，故是假佛。

很多人在電視上、照片上看到我，我說：「那不是我。」而面對面已經見到我這個人了，我還會說：「你見的不是我。」為什麼？這是因為師父的形象是虛幻的，師父的真相是無相的。真相無相，實我無我。我們如果能了解個中道理，則在我們面前出現的，不管是景物、人物或事物，全部都是假相、幻相，是虛非實。

有一次有個人拿了一枝花給我，他學釋迦牟尼佛拈花，叫我微笑，我拿了以後，往地下一丟。

他說：「唉！你怎麼把我的花丟掉了。」

我說：「這是假花。」

他說：「明明是真的，怎麼可能是假的呢？剛剛才摘下來獻給您，您就把它丟掉。」

心中把一朵花當成真花，已經有了問題，我把那朵花拿過來往地下一丟，丟掉了就丟掉了，只是一個動作——這是花，丟掉了。他不需要問我為什麼把他的花丟掉。他是問我這朵花代表什麼意思？我沒有回答他，我抓了它就丟掉了，表示一切有為法，如夢、如幻、如泡、如影，如早上的露水，又如雷雨中的閃電，都是幻景，瞬息消逝，是因緣所生，幻起幻滅。

如果能夠知道一切現象是虛幻的道理，我們就有福報；不知道是虛幻的，我們就有煩惱。知道虛幻，而能夠面對虛幻，不排斥虛幻，也不追求虛幻，那就沒有問題；以幻易幻，用幻法來交換虛幻，本身就是一種自然的現象。

所以那枝花，對我而言，有與無都好，對當時的那個人而言，我丟掉它是比較好的。

三、明因果則不憂不懼

自然現象的產生，本身都有其原因，稱為因果關係。因果絕對是存在的，有果一定有因，因為有原因，所以產生這樣的現象。我們應理解那個原因，或者另外加上原因，使結果產生變化。雖然是虛、是幻，可是一定有原因才會產生這樣的現象。現象會變化，有的是本身的因素會變化，有的是另外加上了因素使之變化。所以對任何事情不要太樂觀，也不要太悲觀。

太樂觀就好像醜陋的武大郎娶到美麗的潘金蓮，武大郎實在太幸運了，但是歡喜得不要太快，殺身之禍就跟在後面。凡事如果覺得很幸運，說不定馬上就有災難臨頭，所以要小心謹慎。

但是也不要太悲觀，不要太失望，認為前面沒有路走，沒有希望，其實路多得很呢！有的人，人家尚未替他製造絕路，他已為自己製造絕路，當然最後是沒有路走。

然而，因緣是會變的，但不要僅是靜觀其變。譬如一棟大樓失火了，你說：「不得了了！讓我靜觀其變。」結果到最後全部燒成灰燼。所以能夠搶救就得搶救，能夠灌水就要灌水；如果已非人力能夠挽回，那就聽其自然吧！以虛為實，要努力，以實為虛，放得下。

四、要提得起，也要放得下

我們要幫忙讓好的變得更好一些，壞的事情，不要讓它再壞下去。如果大樓已經燒掉了，能起就起，不能起就不要再起，不需要害怕，害怕也沒有用，不必恐懼，恐懼會使得情況更糟！

我們以虛為實，以實為虛，所以有煩惱，這就是《心經》所說的「顛倒夢想」。

此外，「色不異空，空不異色」也含有這種意思。色是現象，空是空性。我們的色身本身是一個虛幻，農禪寺也是虛幻的，一切都是虛幻的，但也各有其功用。可以提起時當提起，必須放下時當放下，不要害怕，不要擔憂；能夠改善則改善，不能改善則放下，不必慌張，不必恐懼。

所以，真正有禪修工夫的人，在遇到大風大浪的時候，能夠心不驚惶，不會亂了腳步。

（一九九三年八月十五日於禪坐會開示）

慈悲與智慧

很多人自認為很慈悲，很有智慧；其實，那只算是同情和聰明，而不是真正的慈悲與智慧。因為凡是有主觀的自己及客觀的對象，僅僅是有漏的慈悲與分辨的智慧。清淨而真正的慈悲與智慧，必須經過如法的修行，徹底的開悟。

一、佛教的內容便是慈悲與智慧

釋迦牟尼在未出家時，發現人世間有生、老、病、死的痛苦，自然界有弱肉強食的慘象，認為必須要解決眾生的困苦，所以發心出家修行，尋求幫助眾生解脫苦難的方法。這就是慈悲的表現。

釋迦牟尼貴為王子，享盡人間榮華富貴，他卻寧可捨棄王位的繼承權，割愛離俗，即使是在他父王的追迫之下，仍毅然決然地出家修行。就是洞察了生命的苦難，立意要尋求解脫之道。這就是智慧的抉擇。

從以上來看，可以說明釋迦牟尼在未成佛以前，便已經具備了一般人的慈悲與智慧。

釋迦牟尼經過了六年的苦修，終於在菩提樹下，夜睹明星，明心見性，這時他大徹大悟，體認到一切的自我中心都是虛妄的，一切現象的本質都是不實在的，因此湧現出大智大慧而證得無上的佛果。

成佛後的釋迦牟尼，已經從一切眾生所有的困苦中得到了解脫。但他仍留在人世間，以他證悟的智慧，弘化奔走四十九年，廣度眾生，建立了佛教的團體，這是大慈大悲的體現。

佛陀涅槃之後，他的弟子，無論是小乘的聲聞，還是大乘的菩薩，都是在人世間，一代一代地，上求佛法以自利，下度眾生以利他。以佛法來幫助自己是智慧，以佛法來幫助他人是慈悲。佛法的義理與修行的實踐，是修福與修慧。同時運用慈悲來修福報，運用智慧來修智慧；用智慧來培育福報，用福報來配合智慧。福報與智慧、慈悲與智慧，這兩個項目如缺其一，修行即不會圓滿。

因此，福報圓滿的人，一定也是智慧圓滿的人，智慧圓滿的人，一定也是福報圓滿的人。這就是「佛」。我們尊稱佛是「兩足尊」，就是說，佛陀是福報及智慧都已圓滿的人。

在我三十多歲時，講經說法，多半只有二十多個人來聽我的演講，最多五十多個聽眾，我已非常滿意，而我的師父卻說：「聖嚴，你有一點小小的智慧，但是沒有一點點的福報，你要好好修福，否則以後就沒有人要來聽你講經。」如何修福報呢？就是要廣結人緣。相反地，如果僅有福報而沒有智慧，雖也能幫助眾生，未必就是正確的佛法了。

二、慈悲與智慧對人間的重要性

（一）慈悲是平等地關懷一切眾生

真正的慈悲一定是平等地關懷。對於任何對象，不論親疏遠近，只要他們需要幫助，就會適地、適時、恰如其所需地，給予對方幫助。如果慈悲而不平等，可能會造成對方的不平。使得被幫助的人對你產生不平甚至仇視的心念。像父母對子女的關懷、照顧，如果不平等，便會造成孩子們之間的嫉妒，不能互相友愛，同時也對父母不滿。

沒有平等心，一定會為自己及他人帶來困擾。曾經有一位法師，送書給信徒。一開始每位信徒分到兩冊，後來的信徒，一人只有一本，最後去的信徒，一本都分不到。沒有得到書和僅得到一本書的人，認為法師偏心，而得到兩本書的人，因為被人嫉妒也責怪法師。

（二）智慧是無私地處理一切問題

智慧一定要是無私的，如果尚有自我中心的自私心態，那就表示沒有無漏的智慧。佛法非常重視無我，處理任何事，一定不能把自己的立場、自己的利害得失，拿來做考量，否則也許自認為有一點智慧，但他處理的事情，沒有給別人帶來幫助，反而造成災難，也為自己增加了困擾。

有目的的布施，不是真正的慈悲，好像是在投資，希望能得到回報。譬如：有一天，有一個受了重傷的殺人犯，逃到東初禪寺來。縱然我知道他是一個殺人犯，我還是應該立刻打電話給醫院，而不是警察局。我不需要考慮以後他是否會報答我或殺了我。至於他因殺人而犯的法，這是他自己的因果，到了醫院以後，警察也一定會找到他的。

我們無論在處理他人的事，或者處理自己的事，都要先把自我放下。許多人處理他人的事，可以把自己放下，處理自己的事，就很難不把自己放進去。

（三）慈悲是具有理智的感情

慈悲必須以理智為前提，否則便是缺乏原則的鄉愿之仁，真正的慈悲，會包容他人，不會因循偏私。宗教應是慈悲和智慧的體現，若是一個宗教光有愛而沒有智慧，他們會救人，也可能會殺人。從古至今，有很多的戰爭，便是假藉宗教之名而殺人盈野，以達成他們殲除異己的目的。

（四）智慧是富有彈性的理智

智慧必須以感情為基礎，否則便是缺乏人性的冷酷無情。真正的智慧，是判斷正確，並且情理兼顧。科學是知識的產物，由於沒有彈性，雖能造福於人，但也貽禍於人。回顧近半世紀以來，由於電子及化學科技的突飛猛進，為人類帶來了生活上的便利，但同時也對整個地球和全體生靈，造成了無可彌補的損害。所以科學家未必是大智者。

（五）以慈悲心對待他人

對他人要用慈悲心，盡自己的能力去關懷幫助需要幫助的人。我的弟子中曾經有人跟我說：「師父！你要給我權，我就可以去指揮人，把事情辦好。」我回答說：「我自己也無權，你若希望得到他人的支持，一定要多體諒人、幫助人，經常做他人的貴人。這樣就可以得到大家心悅誠服的擁護，才能把事情辦好。」

慈悲的人是不求回報的，在一個家庭中的夫妻之間，往往一方會對另一方照顧得無微不至，但都得不到對方的感激；許多父母，對子女呵護備至，但卻得不到子女的感恩。常常有人認為這是自己業障深重，沒有修到好的因緣，才會碰到這樣糟的親屬。其實這是因為自己的慈悲心不夠，才會跟他人計較得失。

（六）以智慧心對待自己

有智慧的人是沒有煩惱的。在日常生活中，時時要調伏自己的心念。當在失望、生氣、悲傷、嫉妒、怨恨時，要立刻設法化解這些情緒。當在計較、比較、貢高我慢時，要立刻用佛法來平衡自己的心態。要做一個自知自明的智者。最愚癡的是，明明知道有智慧的人沒有煩惱，而卻又在自尋煩惱。不過，當你體認到自己的智慧不足時，智慧已經在增長了，所以自認愚癡，便與智慧相應。

譬如聽到醫生宣判你活不過一個星期，如果你能在未死之前，盡一切的努力，使得自己活得更有意義，這是智慧。如果因為知道即將死亡而害怕恐懼，精神失控，自惱惱人，或者靜靜地等死，這就是愚癡。

曾經有一位我們東初禪寺的護法，鄒葦澄居士，得了癌症。我去探望時問他：「你害怕嗎？你的雙腿被截掉，每天在醫院都做些什麼？」他回答說：「我的腿本來就不聽使喚，十分難受，被切掉了真好。我每天在念佛，也在計畫於出院後，要畫畫捐給東初禪寺義賣，更在勸我的孩子們皈依三寶，信佛念佛，所以是在病榻上度眾生。」這位居士沒有多久就往生了，他走得十分安詳、平靜，這就是有智慧的人。

慈悲的行為，一定要以智慧來判斷，否則往往適得其反，存好心做好事，反而害了被你幫助的人。智慧的運用，一定要以慈悲做背景，否則會流於空談，發大心說大話，實際上幫助不到人。

三、如何開發慈悲心與智慧心

要知福、惜福、多培福，處處廣結善緣。凡事設身處地，多為他人著想，來增長自己的慈悲心。

要識己、識人、識進退，時時身心平安。凡事要知己知彼，通情達理，不為自己的利害得失著想，便能開發自己的智慧心。

以持戒修福，多念佛菩薩的聖號，來培養自己的慈悲心。

以禮佛修定，多讀佛典經論，來增進自己的智慧心。

（一九九四年五月一日講於紐約東初禪寺，吳昕儀居士整理錄音帶成為本文）

自私與無我

從自私到無我是人生修行的境界，而自私的意義亦有層次之分。首先，自私的字面意義是：「只顧自己的利益，不管他人的得失。」也就是說，拚命追求自己希望取得的東西，至於它對別人會有什麼樣的影響，則在所不惜。《說苑．至公篇》：「偏駮自私，不能以及人。」這句話十分能夠闡釋出自私的意義。另外，在《晉書．潘岳傳》亦有說：「憂患之接，必生於自私，而興於有欲。」這句話告訴我們，人往往是因為自私，而不斷地去追求一些欲念中想要的東西，結果卻由於貪得無厭，反而造成更多的憂慮和患難。

佛經中將貪得無厭、一味追求欲望滿足的人，比喻為一個飢渴的人把鹽水當作可以解渴的飲料，結果他一味地喝（追求），卻反而造成了愈喝愈渴、愈渴愈喝的苦況。

一、「自私」即是自力自度

我們亦可將「自私」解釋成：「為自我增長利益，不受環境的影響。」如果以這種層次的意義來解釋「自私」的話，那自私就不能說是不好的事了。《莊子．讓王篇》有這麼一句話：「不以人之壞自成也，不以人之卑自高也，不以遭時自利也。」它的意思是：不要把自己的成功建築在破壞他人的成就上面；不要故意貶低別人、說別人的壞話，藉以抬高自己；也不要憑藉著時機運氣來謀求利益。因此，自私自利應是完全靠自己的努力去追求才真正合乎正道。

此外，在《禮記．儒行篇》中亦說：「力行以待取，其自立有如此者。」這句話的意思是：如果是鼓勵我們靠自己努力而得到自立自強的成就，這種自私又何嘗不可呢？由此可見，所謂的「自私自利」並不見得都是不好的！如果自私是自己努力而求得應有的東西，這種自私應該是可以被接受的。

甚而，我們可以把「自私」解釋為：「自求多福，自力自度。」如果以這種更高層次的意義來解釋自私，那自私實在不是一件壞事。例如，楊朱曾說過這麼一句話：「古之人損一毫利天下，不與也。」這句話乍聽之下，似乎會覺得這個人未免太自私了，然而，我們如果仔細地想一想，就會發覺有其哲理存在。試想：如果世界上的每一個人都能夠自求多福，把自己照顧得十分妥當，那不是很好嗎？而這樣的一個人，毋庸說，他是一個正常、健康的人。相反地，對於那些滿口利民益國、仁義道德，私底下卻是結黨營私、干求祿位的人，我們更應該用佛法來感化他們。

在佛教中有大乘佛教及小乘佛教之分，而大乘佛教往往指責小乘佛教的聖人是「自了漢」，只求自利自度，而不想救度他人。然而，如果一個人能夠自身清淨、自心清淨，那又有什麼不好？一個身、口、意三業清淨的人，自己能夠得到解脫，至少這種人對我們的社會不會有不好的影響，甚至於他們還能影響其他人，這豈不更好嗎？「君子之德，風；小人之德，草；草上之風，必偃。」這般的「自私」又有什麼不好呢？

二、「自私」未必不好

我們可以把「自私」提高層次，解釋為「自我」及「大我」，像這種層次，自私的意義就更好了。舉例而言，《老子》第七章：「聖人後其身而身先，外其身而身存，非以其無私耶！故能成其私。」這幾句話的意思是說，聖人處處謙讓反而得到眾人的愛戴；捨己為人，結果是身受其益；因此，我們可以把一己之「自私」擴大到全體的「自私」，如此，這個一己之我便可小可大了。我們雖然是一個獨立的個人，但是如果我們把自己擴大到全臺灣乃至全中國子民的層次，那當他國對我們有所欺侮時，自然就會有同仇敵愾的感覺。如此的「自私」不是十分有意義嗎？

由此可知，一己之我，可小可大。在佛法上認為構成自我的五大元素是色、受、想、行、識，合稱五蘊，所謂的「色」乃是肉體的生理現象，而「受」、「想」、「行」則是我們心理活動現象的三個階段，當我們接受到外界的刺激時，一定是經過思索之後，而產生相對應的動作，這就是「受」、「想」、「行」。而所謂的「識」，則是連貫時空的精神現象，也就是在時間與空間之中貫串的生命之體，那是眾生生命的連續存在。

「我」可以是小我，也可以是大我。普通人以肉體所在為「我」，而賢者則以身心及環境中互動的我為「我」，聖人則更以無限的時空及現象為「我」。如果以這種模式來省思，所謂「自私」、「自我」可以說是十分具有彈性的，它可以小到一己之私、一己之我，也可以大到社會國家之私、世界宇宙之我。

三、「自私」可為善，亦可為惡

既然「自私」的意義有這麼多層次，那所謂的「自私」，其實是可以為惡，也可以為善的。也許大家會覺得很奇怪，畢竟，我們已經習慣把「自私」定義為不好的，當我們說一個人「自私」的時候，往往是說他不好。然而，「人不為己，天誅地滅」。試想：如果一個人連自己都不照顧好自己，那又有誰會來照顧你？自己都不為自己打算，又有誰會替你打算？

所以，自私可以說是健康的心理，它並不是壞事。既然自私的心理是很正常的，那麼，推己及人，我們也要想到別人也有權利要求擁有這樣的心理。但是，若因為自私自利而損及他人，則是惡業；我們需要的是自私自利而無損他人；當然，最好是直接自利，也間接利他。一般人的自私自利，對於他人是可惡可善的，而且多半是善少惡多；只有賢者的自私自利，才是唯善無惡的，這就是儒家所講的：「窮，則獨善其身；達，則兼善天下。」

因此，佛教徒的慈悲心懷，其實就是自私及自我的昇華和解脫。慈悲是奉獻自我而為眾生帶來幸福、快樂；是奉獻自我而解除眾生的災害及苦難。慈，是給予眾生快樂、幸福；悲，則是替眾生除苦難及煩惱。

四、慈悲三層次

慈悲有三個層次，第一個層次是「生緣慈」。在這個層次裡，慈悲是有對象、親疏、厚薄、輕重的，也就是說，我們首先要從自己的親人、愛人而擴大到陌生人，從慈悲人類而至微小的動物。如果我們對自己的親人都沒有好好照顧，就去關心他人及動物，那是捨本逐末。

慈悲的第二層次是「法緣慈」，這裡所謂的「法」就是對象。在這個層次裡，只有被救濟的對象、救濟的事物，以及救濟眾生的自己，而沒有親疏、厚薄、輕重等的差別，也就是一視同仁。當然，對一般人而言，這是很難做到的，然而，我們佛教徒應該具備這樣的胸懷。

慈悲的第三個層次是「無緣慈」，緣就是理由、原因的意思。在這個層次裡，慈悲不需要問理由，也不需要有對象，甚而，連慈悲的心願都不需要有。也就是說，在我們心中根本不存有救濟者、被救濟者及救濟眾生的念頭，救濟一切眾生，卻不認為自己救了眾生，這在佛教裡稱為「三輪體空」。

第一個層次的慈悲，一般人只要稍微努力應該是可以做到的；而第二個層次的慈悲，則是要菩薩行的佛教徒才可以做到；至於第三個層次的慈悲，則要像觀世音菩薩那樣的大菩薩才可以做到。由此可見，佛教徒的慈悲心懷，雖說是自私及自我的昇華和解脫，然而，它仍是有層次等級之分，並非一蹴可幾。

五、從「有我」到「無我」

既然我們知道自私的層次意義並非都是不好的，接下來我們要談從有我到無我的修行境界。首先要探討的是，自私的我究竟是由什麼所構成的？除了剛才講過的「五蘊」之外，構成自私的我主要有二個條件：一個是「因果」，一個是「因緣」。

什麼是「因果」呢？它表示自私的我是由因果的時間前後所構成的，現在的我是過去的繼續，未來的我是現在的延伸，凡有行為的因，便有事實的果。但是，有因未必有果，有果必有其因，所以，因果便是自我。是以，肉體價值的自我，屬於身體及身體之所有物，而觀念價值的自我，則是思想及思想的內容。

而什麼是「因緣」呢？它表示自私的我是由因緣的空間聚散所構成的。肉體的自我是由地、水、火、風等四大元素所構成，因為這四大元素不斷地此消彼長、新陳代謝，所以有生存的自我。而心理的自我則是由貪、瞋、癡、慢及喜、怒、哀、樂等的心理反映所構成，因為心理的念頭起伏不已，所以產生了生命的自我。

因此，眾生都是平等的。由五蘊假合的生理、心理的種種因素聚集的自私的我，是隨時都可以改變的。離開時空的移動，根本沒有自我，更不會有自私之存在。

那麼，難道自私的我一定是不好的嗎？其實也未必如此。當然，如果自私自利而不顧及相關的全體大眾，那自然是不好的，它的結果往往是害人害己。然而，如果自私自利而不傷害他人的話，那便不算是不好，甚至我們可以說他是好人呢！自私的目的如果是為了利益他人、自利他利，這樣的人應該可以說是善人。舉例而言，佛教徒先自我進修，再奉獻自身，為了自己成佛道，先去聽聞佛法、淨化身心，然後再以所知所學，教導他人，救濟眾生，像這樣的「自私」有什麼不好呢？

六、放下主觀，隨緣運作

從自私到無我是人生修行的境界。那麼，什麼是「無我」呢？所謂「無我」是要放下主觀，不計較自我的價值，但隨因緣的運作。如此，我們自然就會捨己從人，不堅持自我的立場，但求有利於他人；不會考慮自我的安危，但願有助於他人。最後，就可以達到賓主皆無的無我境界。

《金剛經》說：「無我相、無人相、無眾生相、無壽者相。」這就是無我的境界。所謂的我相，就是自我意識的存在，而人相是對象意識的存在，至於眾生相，則是指意識到自我及許多對象的存在，而所謂的「壽者相」就是指主觀的我以及客觀的所有其他眾生的活動，他們在時間的關係上持續不斷地活動。

因此，「無我」就是沒有主觀的我，也沒有客觀的對象，既沒有你我、眾生的空間，也沒有壽者的時間。推究此理，佛度一切眾生，乃是眾生自度，佛卻未度任何眾生。既然無我了，哪會有什麼我相、人相、你度我、我度你？

從自私到無我，並非一蹴可幾，很多人天天講「無我、無我」，然而，他們的我執自私卻是最深的。因此要達到無我的修行境界並不是那麼容易的。

七、省思自我，消融自我

首先，我們要發現自私的我並認清自私的我。如果我們能經常自我反省，就會逐漸發現及認清自私的我。而在自我省思的方法上，我們可以念佛、禪坐及修定，使我們的心理愈來愈平衡，愈來愈平靜。當我們的心愈趨穩定平靜的時候，我們就愈能省思及意識到自我存在的價值。一個沒有修行的人，往往不知其存在意義為何，所以會充滿了煩惱及憂慮；而一個有修行的人，當他一有煩惱憂慮的念頭時，他就會去尋找煩惱的根源並進而對治、化解它。經由這樣的步驟，一個修行者將更能了解到自私的我，並認清自私的意涵。

其次，我們必須要化解、消融自私的我。就好像是在一個大水缸裡，原本它的水是很混濁的，然而，經過一再地沉澱及滌清過濾之後，就愈來愈清澈。這裡滌清過濾的過程，就是發現並認清自私的我之後，所要做的第二步工夫。

當然，一般人是很難了解無我的意義的。我們可以這樣比喻，所謂的無我就是讓自私的、煩惱的我沉澱，進而提昇慈悲、智慧的我，而這個智慧、慈悲的我就是「無我」。智慧的我將不會有煩惱，慈悲的我將一切奉獻給眾生而不求回報，而這正是我們學佛的目的。

從自私到無我，我們將會活得更有智慧、更有慈悲心，若得無我智慧，心不生煩惱，慈悲的我，奉獻一切而不求回饋，這就是佛的最高目的「悲智雙運」。無我的展現，將帶給人生更大的幸福及更多的喜樂，它是我們追求人生的最高境界。

（一九九二年八月十五日講於華視視聽演講中心）

自我與無我

無論在東方人或西方人的社會裡，均對「無我」的說法感到困惑，甚至抗拒。因為，任何人都自知有我的重要，例如我的擁有、我的願望……，就連今天所有聽我說法的善友們，都是由於各自心中的「我」，想從佛法知道點什麼、獲得些什麼而來。

很多人聽到「無我」二字時，先是不敢想像，繼而感到可怕。然而，要先讓大家從佛法的觀點清楚明白「自我」是什麼，然後便可了解「無我」乃是事實。而佛法的目的，也就是希望人人都能從自我的困擾，達到「無我」的自在。

「自我」有兩個層次：1.是個人自私的小我；2.是仁愛、博愛的大我，也就是宗教或哲學上的「神我」。

「無我」也可以分成兩種方向：1.是憑各人自己的經驗，感覺到心中與心外都是無我的；2.是依佛法的立場做標準，通過佛法的觀念及修證的實踐，達到即有即空，即空即有，有不異空，空不異有的「無我」。其實，只要把這個「自我」做詳細觀察，便會發現「自我」並不存在，卻又非常真實有用。

一、「我」是由物質與精神結合成的

從佛法的立場來看：「我」是由於「物質」的身體和「精神」的心靈相加所構成。如果只有身體而沒有精神，身體就如同死屍；如果脫離了物質的身體而僅有精神，精神就如同幽靈。

以個人的「自我」來看，由於肉體及精神的結合，才有「我」的生命的事實。一旦肉體的生命死亡，這個「自我」便在現實的世界失去依靠。

因此，只有做為一個有血有肉有靈的人，才能作惡，才能修善。人的生命體是一種工具，若向壞的一面看，它是滋生煩惱的淵藪，所以五種邪見中的身見最難去除；若向好的一面看，法身要借色身修，所以身體也叫作「道器」，修行佛道，亦得靠我們生命所依的身體，否則，沒有身體的運作，修行也就無從著力。

很多人在生命過程中，遭遇到很多的不愉快、不如意，卻沒有辦法改變時，便感到生命是一項極大的無奈而提出疑問：「為什麼個人在天地、宇宙間是如斯地渺小，沒有能力幫助自己，也沒有權利支配自己？又為什麼世界上許多事情的發生都是風雲莫測，非人力所能掌控？」於是，我們這個「自我」，便渴望藉著接觸宗教，來尋找答案。

西方人接觸佛教的原因較為單純，往往是為追求健康、安定，和開啟智慧。憑藉接觸佛法去尋求修行的方法和理論，這當然也是出自「自我」的需求。

許多中國人卻由於對某件事、或某些事不能做出決定時，便會利用燒香、許願和求靈籤等宗教行為，希望獲得指示。曾在臺灣有位經商的居士，一直依賴求靈籤的方法來做出生意上的重大抉擇。皈依三寶以後，便前來請教師父，問我：「今後做生意，由誰代他做決定？」事實上，應用佛法的基本原則，加上正確的資訊研判、做生意的經驗和膽識，一定能夠成功，用不著盲目地去求神問卜。

二、因有自我中心而「業感緣起」

當然，生意做得順利與否，除了資訊、經驗、膽識，也與運氣有極大的關係。運氣就是福報，是環境及時機等的因緣際會，是從過去世帶來的福緣及業報，福緣成熟，則事事順利；業報現前，則處處橫逆。那是我們的「自我中心」，從無始以來逐漸積聚的，因此，也就稱為「業感緣起」。

「業力」，是一生又一生所造種種行為的累積，有惡業，也有善業，因而在生命過程中有阻力也有助力。「業力」也只有我們自己才能改變它，即所謂：「自作自受」、「種瓜得瓜，種豆得豆」。過去生中的惡業、善業，都可由於現在生的勤惰好壞，而做若干程度的改變。多種善因，就有好運出現，如果沒有種，永遠得不到。但是，就算種了，如果內外因緣不具足，也不一定能得到，這便是佛法講的因果觀及因緣觀。

如果播撒了種子，不施肥、不鬆土、不耘草，當然不會有收成。許多運氣不好的人，雖然做了播種、施肥、鬆土、耘草的工作，卻遇到了水澇、天旱、暴風、蟲禍等的自然災害，也沒有收成。有些人自己並未努力，卻妄想豐收，失望之餘，便推卸未種好因的責任，總是希冀未播好的種子也有好的收成，播了壞的種子千萬不要結果。

其實，好與壞是相對的。例如：做了輕微的壞事，又馬上做好事，那個壞事的種子即會因而變質，所以，它的結果也不致太壞。相反地，如果只做一點小好事，卻做了許多大壞事，那點小好事的種子亦會受到影響而變質。因此未種好因而不得善果，固然有其道理，種了善因也不得善果，必定有其原因。這種「因果」關係，就把過去、現在及未來的「自我」貫穿起來。

實際上，身體不但經常在變，而且必定會死亡；念頭經常在變，而且必定會消滅。就因肉體和精神構成的生命現象，經常變動，都不永恆，所以也不算是真的有「我」。比如：身體上屬於「我」的頭髮、指甲、牙齒等，一旦剪下、脫落之後，便不再屬於我，也不等於我；身體的每一部分都不是我。又如：心念剎那起滅；可見平常似是我的心念，念念也都不屬於我，不等於我。

三、觀四念處以經驗無我

修行的方法中，「四念處」是最基本的。就是：觀身不淨、觀受是苦、觀心無常、觀法無我。透過這基本的四種觀想法，就能進一步親自體驗到「無我」是什麼了。

（一）觀身不淨

身體的眼、耳、鼻、舌、身、意等的六根，緣色、聲、香、味、觸、法等的六塵，而引生貪、瞋、癡、慢、疑、邪見等的六根本煩惱，造作殺生、偷盜、邪淫、妄語等的四大惡業。五官、七孔乃至遍身毛孔，常流不淨，一旦身亡，臭穢難聞，所以不淨。

（二）觀受是苦

身體所受，苦多而樂少，雖能偶爾感受快樂，快樂乃是苦的結果，也是苦的原因；辛苦工作後的享樂，舉債享樂後的受苦。情形就如用手揉擦發癢的眼睛時，感到很舒服，擦過之後，馬上出現紅腫和疼痛的苦受。因此，佛陀指出，有受皆苦。

（三）觀心無常

心念是生滅無常的，前念與後念交替，一念接一念，過去又過去，川流不息，變遷不已。

（四）觀法無我

「色法」是肉身，以及肉身所處的環境；「心法」是念頭，以及心念產生的執著。「諸法」是指一切有形的物質現象，和無形的精神現象，均在不停地變動而非永恆，所以沒有真實的「自我」存在其間。

因此，「自我」只是一種幻覺的妄見、妄執。很多人卻捨不得放下這種「自我」的幻覺。個中情形，就如言情小說中的人物，明知男女的情愛，本身就是一杯淒楚的苦酒，當事人卻不以為苦，猶如飛蛾投火，前仆後繼，窮戀不捨，以苦為樂。所以佛陀稱之謂愚昧的可憐憫者。

同樣的道理，人們生活在世上，只是一種虛幻境界，卻在這幻境當中，自己為自己不斷地編織苦惱的生死羅網而不自覺。如能修習以上的四種基本觀法，便會覺知一切煩惱都是庸人自擾，一切煩惱的羅網也不會將你網住。

無論從觀念上的疏導或修行方法的修習，均能協助你來體驗佛法所說的「無我」是什麼境界了。然而，如果僅靠認知上的理解，而不是修行上的實證，當貪愛、瞋怒等重大煩惱出現時，光憑觀念上的四念處來幫助解決問題，力量便有所不足。必須務實地修行四念處觀的方法，至有所成就時，力量便強了。能在「自我」之中經常覺察到「無我」的自在，便能快樂地生活了。

在此，祝願各位，經常要練習著在明知「無我」的情況下，運用幻有的自我，方能積極地修行菩薩道，那就可以知道：法喜充滿的生活，是來自練習著放下自我的體驗。

（一九九二年十一月一日講於紐約東初禪寺，李果嵩居士整理錄音帶成稿）

理性與感性

在進入主題之前，首先請問各位：有多少人認為自己是屬於感性的？有多少人認為自己是屬於理性的？或是介於兩者之間的？不管是理性或感性，兩者都是對的，可是，嚴格說起來，真正的理性可以說是不存在的。

現在讓我們來了解佛教常講的「有情眾生」是什麼？

「有情」這兩個字是帶有情緒性和有感情的，「有情眾生」可以說是感性的，是以自我為中心和執著於自我的。凡事存有「自我」和「執著」，請問：「這是屬於客觀或主觀？」（台下答：主觀）既然是主觀，請問：「這還屬於理性嗎？」（台下答：不是）所以，純粹的理性是一般人辦不到的。從這裡，我們可以說，一般人都是屬於感性的，不過感性中也有差別，有的人是非常情緒化，有些人則非常有愛心。

一、真正的愛不存主觀

一般來講，有愛心是屬於感性的，愛心是以自己來愛所有的人。問題是很多人的愛心是追求、是占有，追求並占有自己所要的和自己所愛的。就像童話中的狼要吃兔時，牠會講：「我很愛你，所以我要把你吃下去。」一般人所講的愛都是占有性的愛，而不是奉獻性的愛，真正的愛是沒有條件，不以自我為主，不以主觀來愛，這才能說是感性的愛，也就是佛教講的慈悲的感性。

用感情來處理自己或他人的事，都是屬於感性的，很多人動不動就生氣，生氣以後又後悔，想不懂自己為什麼要生氣，但是在生氣的時候又不能不生氣，請問：「這樣算是理性還是感性？」（台下答：感性）如果是感性，後悔的時候是屬於感性還是理性？如果說後悔的時候是屬於理性，可惜後悔往往也是不正確的。

一般來講，用道理或理智來處理事情，可以說是屬於比較理性的。但這也不是絕對正確，因為每一個人的理智，都不一樣，以美國總統為例，布希和剛當選的柯林頓，他們的理智，何者是對？何者是錯？結果多數人贊成柯林頓的政治理念，他的理智可以算是比較對的。

問題是：多數人的理智和少數人的理智，有錢人的理智和窮人的理智，有權人的理智和沒權人的理智，都有問題，到底哪一種人的理智才是真正的理性呢？

由此來看，理性也是有問題的。眾生的理性如同胳膊往內彎，把好的和有利的往自己身上攬；手指伸長往外指，把壞的和要負的責任往他人身上推。俗語：「人不自私，天誅地滅。」從佛法的觀點來看，人都是在自私的情況下生活，理性從哪兒來呢？

二、有情眾生皆自私

人既然是有情眾生之一，自然是屬於感性的，只是含有感性的成分有多有少而已。有的人對自己自私，有的對自己的家庭自私，有的為自己的事業或自己的團體而自私，可知自私的範圍也有大有小。就像目前正在極力提倡的環保運動，這也是為了保護整個地球，保護人類居住的環境，一般而言，這是為了公共的利益，但也不能不算是為了全體人類的利益而自私。

前兩天有一位記者先生來東初禪寺訪問我，提到感恩節即將來臨，我們應該對人類感謝什麼恩典？我覺得美國的感恩節真有意思，早期的移民在這塊土地上的冬季，到處是冰天雪地，沒有東西可吃，上帝非常慈悲，送他們火雞吃，為了感謝上帝，直到現在，每年感恩節，就家家戶戶大吃火雞大餐。這種自私的行為，哪能算是感恩！

一件事情，剛開始的時候都是好的，原意也不自私，慢慢地，習久成弊，變成了自私。如果不聽佛法，不知道自私的意思是什麼，也就不知道自私是不對的了。如果人人都自私，還有誰能占便宜？就像美東的紐澤西州，有座大西洋城賭城，遊客帶錢到賭城，都想碰碰運氣，都想贏錢，職業賭徒更是以贏錢為工作，如果每個人都想贏錢，又有誰是輸家呢？

三、理性是以大多數人為考量

所謂「理性」，就是多為他人著想，多站在客觀的立場設想，多為大眾的利益設想。夫妻、朋友之間，也是如此。夫妻之間，如果先生只為自己設想而不管太太，或者太太只顧自己的立場而忽視了先生的立場，這些都是不理性的。反過來說，凡事先生要考慮到太太，太太也要考慮到先生，這就屬於感性中的理性，是理想的眷屬。

感性未必是全然不好，但也未必是好的，如果是自私的感性，就會自害害人；如果是關懷和寬恕的感性，則能自利利人。

有些人跟我講：「生意人不能信佛教。」我問他們為什麼？他們說：「信了佛教以後就不能說謊。生意人如果不說謊，生意自然做不好，也賺不到錢。」例如：過去在中國大陸，很多生意人在自家的店門口寫著「童叟無欺」或「貨真價實」，目前的臺灣商店門前，常可看到「虧本大拍賣」、「買一送一大拍賣」的字樣，其實掛上這種字樣的，已經在說謊了。

是不是做生意的人非說謊不可呢？有時說小小的謊也很有用的，不但能利益自己，還能利益他人，譬如一樣東西原價十塊錢，生意人卻告訴顧客說：「這樣東西本錢十二塊，老主顧了，算你本錢好了。」買的人心想：「嗯！這個人真夠朋友，照原價賣給我。」因而歡喜地買下自己需要的東西。

類似這種的說謊，原本人家不買東西，現在買了，自己也賺了兩塊錢。但是這種說謊只適合於小生意，大生意就行不通了；做大生意的人，只要說一次謊，或者開出一次空頭支票，信用就完了。再如賣瓜的說瓜甜，除非賣瓜的人自己試過，否則瓜甜不甜他只能憑經驗估計，不能萬無一失。到底做生意時說謊的行為正不正確？站在佛教徒的立場來看，說謊是錯的。

最近聽人說起紐約的佛青會會長吳本達居士，跟朋友談起自己的生意經時，他總是說他做生意絕對以佛法的觀念為立場，以佛教徒應有的態度來做生意，因此大家很相信他，信用非常好，生意自然愈做愈大，現在他常現身說法，告訴人家做生意要信仰佛教、深信因果。

四、穩定性格要靠正確的修行

害人的感性就是有心欺騙他人，蓄意使人上當，或者自己的性格不穩。性格不穩的人，經常會發脾氣，而發了脾氣之後又常常後悔。有的人生氣時就去拜佛，可是拜完佛，看到人又發脾氣，發了脾氣再拜佛。我經常遇到這種人，他們告訴我：「師父，我信了佛，知道不應該發脾氣，不應該跟人爭吵，可是，還是發脾氣，還是罵人。」

最近我到中西部去訪問，有一位攻讀博士學位的留學生告訴我說：「師父，很奇怪呀！我不能念經，只要上午念經，下午一定跟我太太吵架。」我說：「這不對呀！你念了經以後，應該有慈悲心才對呀，怎麼還會跟太太吵架呢？」

他說：「師父，我念經的時候就是希望下次不要吵架，結果念完以後準會吵架，我怕發生的事，準會發生。」我說：「你一定不會念經，你是不是一邊念經，一邊想下午不要吵架，不要發脾氣，你如果用這種心態念經，你本身的心情，已經在波動了，這樣念完經，火氣自然就來了，就會吵架。」

他的太太在旁聽了說：「師父，我先生就是不聽我的，我叫他念經的時候身心要放鬆，他就是不聽！」

我告訴他說：「我現在告訴你，你以後誦經時要心平氣和地誦，如果氣急敗壞地誦念修行，怎會避免情緒化呢？」

上面這個例子，不是菩薩不靈，也不是沒有感應，而是本身不會修行，修行的態度有問題，這個留學生以感性來誦經，以感性來修行，修行的結果還是感性的。

人的情緒是需要調劑的，學佛是一種修養，能夠使我們心平氣和，心平氣和以後，自然而然地，理性便會勝於感性。如果時時刻刻為了某種目的而修行，一心只想快點達到目的，這會引生感性的情緒問題。

五、在動中轉感性為理性

念佛誦經是有用的，但並不是念了佛，誦了經，就一定會變得比較理性。現在我傳授幾點轉感性為理性的方法：

（一）第一個原則——把心收回來

把自己的注意力從外面收回來，不要把注意力注意對方，不要把注意力放在自己看到的、想到的、接觸到的事象上面。然後，注意自己的呼吸，想想看：當自己生氣時，或者情緒激動時，是怎麼呼吸的？是不是氣急敗壞？因為心情和氣息是息息相關的。

（二）第二個原則——用心想

把注意力放在呼吸的感覺，再用心想一想自己的心在想什麼？若能想到，現在的自己在想什麼，則剛才那個叫你生氣或不如意的念頭，就已中斷，不會再讓你生氣下去了。

（三）第三個原則——把眼睛閉起來

當你生氣時，甚至握起拳頭準備揍人之際，趕快把眼睛閉起來注意呼吸，也許剛才跟你吵架的人還在氣頭上，還在衝著你罵個不停，這個時候，你閉起眼睛告訴你自己：「等一下再來，等一下再奉陪。」對方看你閉目不理，以為你發病了，或者以為你已認輸了，他也不會有更激烈的動作了。

「深呼吸」和「注意呼吸」不同，光做深呼吸還是會緊張的，注意呼吸就不一樣了，注意呼吸之後，你就發現心情會隨著呼吸的出入而平靜下來。

六、在靜中調和情緒

以上是平常遇到情緒不穩定時的處理方法，是在動態中使用的。下面我再介紹各位在靜態中如何調和自己的情緒，也就是在靜中使情緒平衡的方法。請各位：

（一）把眼睛閉起來。

（二）把頭部和臉部的肌肉放鬆。

（三）把肩膀也放鬆。

（四）把身體的重量靠在椅背上，使身體的重心置於臀部與坐墊之間。
（五）把身體上有感覺的部位都放鬆。
（六）眼球不要動，眼球不用力，才是最放鬆的，把頭腦中所有的東西統統放下來。

如此靜坐二、三分鐘之後，請各位把眼睛睜開，這是一種休息，一種頭腦和肌肉的休息，經過了休息之後，我們可以發現連自己的情緒也跟著放鬆了。

佛法強調解行並重，很多人雖然懂得很多的道理，但是不能實修實證，光知道這些道理而沒有實際去做，還是不夠的。

凡事斤斤計較，或拿自以為是的標準的尺寸來衡量他人、要求他人，看起來好像是屬於理性的，但卻是很痛苦的感性態度。譬如：有些學佛的朋友，懂得一些戒律的常識，也知道佛教徒應該怎麼做，然後拿著戒律的尺寸來評斷出家人，事實上，人家把戒律放在心中，而你拿著戒律的尺碼放在口頭，只是自尋煩惱而已。

雖然如此，理性還是有好處的，有理性的人，能事理分明，能有冷靜的頭腦來處理人及事的問題。

事和理要分明，有些人只懂理不懂事，不通人情世故，以致弄成灰頭土臉，所以我們也常聽人家講：「你這個人怎麼這麼不懂事呢？」事和理性往往是不能夠相應的；你也許可以說得很有道理，但是真正去做的時候，又不一定能做得那麼好。臺灣有一位教授是教經營管理學的權威，故被一家企業公司聘為總經理，結果在上任不到半年就辭職不幹了，他的心得是：「我只適合教管理，並不適合做管理。」所以現代的科學家要講經驗科學。至於理論科學，只有可能性，不能說一定會成功。

在佛法來講，事與理是要分清楚的，事是事——事有時不是用嘴巴能夠講得通；理是理——理由或觀念是能夠用語言說得通的。當你看事的時候，就不一定非要用理來做要求不可，事在基本上應該是合理的，但是在事情發生的時候，運用之妙，存於一心，若用已經決定的現成理論來做標準，就可能行不通了。

七、事理分明，拔箭為喻

關於這點，佛經中有一個例子：在佛世的印度當時，有六十幾種學派，對於宇宙人生，每一個學派都有自己的看法和說法。佛的一位弟子就去問佛：「人生宇宙的起源是什麼？」佛回答說：「我不告訴你這些，我只告訴你一個譬喻：若有一個人在戰場上中了一支箭，這支箭還帶著毒，我現在問你，你要先研究這支箭從那個方向射來？或先研究這支箭是什麼人射的？或問這支箭是什麼人做的？這支箭的毒，究竟是怎樣淬上箭簇的？或者你是趕快把箭拔出來，先救人要緊呢？」佛的弟子答：「當然是要先拔箭救人。」

由這例子，我們可以知道，佛法是講求實際的，是主張以解決眼前的緊急問題為原則，而不必講太多不切實際的理論。因此，處理事情的時候，就是處理事情，可是，處理事情的背後，一定有其原理，處理事情的原理，未必就是邏輯的口頭思辯的理論，而是一種自然的規律，是人人都希望的這個樣子。釋迦牟尼佛講這個中毒箭的譬喻，本身就是理。

「戒」是不應該做的事，不可以做；應該做的事，不可不做。「定」是想要做的事，必須以冷靜的頭腦來做，能夠達到不做的目的也需要冷靜。有的人明明知道不應該做的事，卻偏偏去做，這就是頭腦不冷靜；修定的起碼工夫，是使人達到穩定情緒的目的。譬如：每天早上起來能夠拜佛、念佛、打坐，都有助於情緒的平穩。

信心也非常重要，信什麼呢？例如：信仰觀世音，早上起來拜了觀世音菩薩，相信出門的時候菩薩會保佑你，心裡就不會慌張，不會恐懼，心情就比較平穩。自信心重要，宗教的信心更重要，這種信心能夠幫助我們，安定我們的心。信仰是感性的，卻有理性的功能。

八、感性和理性必須調和

講到「感性和理性必須調和」，請問各位：「水火相不相容？」（台下答：不相容）其實，常識的水火不相容，未必是真理，水需要火，火也需要水，這叫「水火相濟」，這是正常的現象，如果水還是水，火還是火，不相調節，我們的生活就要面臨絕路了，請問：如果都是火，好不好？

同樣的道理，如果都是水，好嗎？應該是彼此互相調節，才是和諧有用。「乾坤」和「陰陽」，是相攝或相剋呢？感性和理性是相攝或相剋呢？所以從人的立場來講，慈悲是感性，智慧是理性。同樣地，對一位大修行人來講，當他有智慧功能表現於外的時候，一定有慈悲的行為利益眾生，當他知道什麼是慈悲的時候，他也一定是一位有智慧的人。因此感性和理性，一定是互為表裡，互相調和。

佛法不離世法，常聽有人對我說：「師父啊！我是俗人，說俗話，做俗事，只怕您會笑。」我說：「如果世間沒有俗事，沒有俗法，我還能做什麼事啊！」所以，出家人看到所有的俗事，全是出家人應該關懷的事，只不過出家人是用佛法來安慰、來疏導世間的俗人俗事。

（一九九二年十一月十三日講於紐約臺灣會館）

人生觀的層次

人生觀，本是哲學名詞，是指對於人生抱持的看法，以及個人對於處世的態度。可因各人所受的教育程度、文化背景、宗教信仰、人格修養的不同，而有不同的意見，也就形成了不同的層次。今天我用六個段落來進行主題的說明。

一、何謂人生觀

(一) 人生觀是對於人生的看法

首先，肯定人類與礦物及植物有別。人類屬於動物的一種，略帶動物的性格和特質，卻又異於一般的動物。人性之中，既可媲美動物的馴良可愛之處，也有較之於猛獸更兇殘可怕的一面。古人以「人面獸心」、「人形獸性」等比喻，做為劃分人的心性與獸的心性之區別，也代表了一般人對人生的看法。

（二）人生包括了人的生活、人的生命、人的生存等三部分

「人的生活」，是人在空間環境中的活動現象。例如我們每天上班辦公，到學校上課，在家做家務等，一切在空間中的活動。除了基本的物質生活之外，還有精神生活，如娛樂、信仰和欣賞藝術等的需求。

「人的生命」，是人們在時間過程中的延續現象，從過去到現在，今天到明天，以至無盡的將來。人的一生，是從出生到死亡，然後走進歷史，成為歷史的一部分。人類的生命與動物差異之處，是動物沒有歷史的生命觀，人生與歷史相結合，故有對歷史負責，以及活在歷史上的生命價值觀，便是世間聖賢豪傑之士的人生觀了。

「人的生存」，是指人類存在於時間及空間環境中的事實。人類生存於時間中的階段，一般人只局限於從出生到死亡為止，一期的生命結束，便不存在。而人類生存於空間中的活動範圍，因人而有大小不等，但也極為有限。個人的生存，對全體的時空而言，實在微不足道。如果通過宗教、哲學等的奉獻和菩薩的願心，便可成為無限。例如：中國的孔子、老子、莊子，西方的耶穌，雖然他們生存的年代已成為歷史，他們思想的影響力，卻是源遠流長，將與人類的文化同

垂不朽，超越了他們肉體生命存在於時空中的期限。另一個例子，是印度的釋迦牟尼佛，他的色身的生存，僅僅八十年壽命的時間，和印度恆河中游遊化的空間，他的影響，則將與全宇宙同時存在，通過他的悲願，那就是豎窮三際、橫遍十方了，乃是超越於時空觀念的大存在。

（三）人生是什麼？人生的目的、意義、價值是什麼？

如果人生而沒有目的，生活便顯得十分空虛。如果生命欠缺意義，便會像行屍走肉一般，何必要生活著受苦。假使生存而沒有價值，不僅生存的本身變成多餘的贅物，而且也白白地浪費了世界的許多資源。人生的目的，凡夫是來受報還債，菩薩行者是來修道還願。人生的意義，則因人的身體難得，而又能夠知善知惡，能夠為善去惡。人生的價值，是在能夠自利利人，成己成人，多積功德，增長福慧。

我曾聽到一位母親嘆著氣說：「像我這種女人，出身寒微，目不識丁，存活在世上，既沒有用處也沒有意思。」當時，她有一個不到十歲的男孩，聽到之後，似乎覺得有點恐懼，馬上對他的母親說：「媽媽，千萬不要說這種話，我很需要你，對我來說，這世界上你是最重要了！我不能夠沒有媽媽！」母親聽後，便體會到，她在小孩的心靈裡，扮演著一個非常重要的角色，便感到雖苦猶樂，非常安慰，這也就是她對人生價值觀的確定。

二、動物本能形態的人生觀

告子曰：「食色性也。」也就是說，飲食、男女，乃是人的本能。不論是文明人或野蠻人，都會有其求生的本能，便是飲食；也都會有傳宗接代的本能，便是生兒育女。渴望自己的生命得以延續，不能沒有飲食，同時在生理成熟之後，渴望得到配偶，便有男女的夫婦生活。這被稱為人類與生俱來的本能，因為跟其他動物如狗、貓、老鼠甚至魚類等均十分相似。所以，人類生活的目的，若止於此，便是最低層次的人生觀，那跟一般動物的本能相同。

很多人對人生的目的感到茫然，認為人生是件無奈的憾事。既然接受了生命，便唯有凡事聽天由命，苟且偷安地活下去。基本上，這還是屬於動物本能層次的人生觀。一般人往往也會產生這些念頭而不容易察覺。當然誰也不喜歡承認，自己是屬於這個動物本能形態的層次。但是，我經常會被問及：「阿彌陀佛，師父，我為什麼要在這世界上活受罪？」「我為什麼這樣苦？」「師父，我前輩子欠的債究竟有多少？到底什麼時候才能還清？」許多人知道自己有苦惱，卻找不出為什麼要生活的根源，但也無法擺脫生命的負擔，既不能心甘情願地活下去，又不得不無可奈何地活下去。

三、癡迷的人生觀

很多人誤解地認為，人生就是為了無止境的追求滿足感而打拚，所以只有亂打瞎拚，懵懂一生。

（一）為了保障自我的安全而打拚

許多人由於缺乏安全感，渴望獲得保障，紛紛利用積蓄金錢、投資房地產、購買股票等以做為安全的保障。以為擁有的財產愈多，便愈有保障。為了自己的將來，或者是兒孫們的生活無虞，花費一生的時間，努力打拚，汲汲營營，以至終老。然而，有形的財產及權位，能否真正為人帶來最可靠的安全保障，卻大有疑問。

唐朝時候，有一位大詩人白居易，官居太守，慕名道林禪師（人稱鳥窠禪師）住於秦望山中的樹上，因而前往拜訪。當他見到禪師高居樹上，便喊道：「小心啊！禪師住處太危險了！」禪師卻不以為意，倒勸白居易自己小心保重，而說：「太守的危險更甚於我哪！」白太守心中詫異，自己身居高位，是一位地方首長，所到之處均受到保護，不明白禪師的用意，故問禪師：「弟子位鎮江山，有什麼危險？」禪師答道：「應當小心地、水、風、火四大所成的身體，天天跟你搗蛋，生、老、病、死隨時輪候，貪、瞋、癡、慢、疑，經常與你作對，豈不危險？」白居易聽後，十分同意禪師的說法，因為只要是在無常生死的範圍，從哪兒來的安全保障！

（二）為了追求名、利、權、位、勢而奮鬥

每當人在貧窮的時候，極渴望獲得財富。當一朝擁有家財萬貫之後，便又希望得到名氣，隨後是追求勢力、權力、社會地位等的增長。如果能夠達到一呼百應、望重一方的地步，便認為是不枉此生。但是，欲望的標準不斷地提高，難以滿足。由望重一方而盼能夠望重一國，乃至望重世界，擁有愈多的同時，愈渴望得到更多。於是，一生的時間，便投注在這無窮無盡的追求之中，不斷拚命奮鬥，只是為了滿足永遠不能滿足的欲望。

（三）為滿足虛榮心而爭奪

許多人的另一種煩惱，是時常與人比高低、爭長短。由於好勝心的驅使，每當自己的成績不如別人時，便心生懊惱，不斷地鞭撻自己，強迫自己拚命努力，以致於疲於奔命，為的就是要跟人家一較高下。一旦失敗，便自怨自艾，痛苦不堪，一生陷於自我的煩惱之中而無法自拔。得勝之時，狂傲驕縱；失敗之後，怨天尤人。不論成敗，都是在煩惱中打滾。

也有人為了滿足自己的虛榮心，盼望得到別人的另眼相看，雖然收入不太富裕，卻不惜花費大量金錢購買名牌衣服，坐名貴的轎車，戴貴重首飾，以做炫耀；也有些人，富得窮不得，贏得輸不得，明明已處困境，還在死要面子，這叫作打腫了臉來冒充胖子，那又何苦來哉！

（四）像一隻愚笨的狗

總括以上所說的，都是癡迷的人生觀。事實上，很多人身陷於這一層次，竟然不能自知自救。情形恰似一隻愚笨的狗，圍繞著一株像直徑尺把粗的樹幹打轉，發現樹身那邊有條狗尾巴，本來是牠自己的，卻誤以為是來了一隻野狗，於是不斷地追逐，心想非得逮住牠不可，結果卻把自己很可憐地累死了，更可憐的是，尚不知道牠是為什麼就這般累死了！

四、智者的人生觀

智者是指有原則、有目標、有理想的人。例如大藝術家、大科學家、大政治家、大哲學家、大宗教家等。

（一）藝術家的人生觀

藝術家把生命投注在美的時空之中，既美化自己，同時也美化環境和世界。從內心的體驗到環境的改善及改變，內外渾然一體。他們體會到整個宇宙，無非是一件完整的、完美的藝術創作。藝術家在創作過程中，往往嘔心瀝血，極盡艱辛。每當作品完成後，或在欣賞藝術作品時，完全投入於一種近乎完美的境界，十分陶醉。但是，由於仍然未能離開貪、瞋等煩惱的困擾，故當回到現實世界裡，面迎人事的紛爭，情感的糾纏，他們的心靈，便馬上變得跟醜陋的煩惱相結合，往往難以接受現實人間的生活，甚至無法與別人相處。

臺灣曾有一位武藝及畫藝非常傑出的高人，但是他的家庭不美滿，事業不順利，生活並不愉快。當他在練武作畫的時候，能夠渾然忘我，淋漓盡致，浸潤於寧靜、和諧、優美的境界中，但總不能老是練武作畫，所以這種經驗是時常間斷而不永恆的，也無法以此來排除內在的煩惱。因此，除了藝術生活，便終日以酒為伴，直到他生命的結束。可知藝術家眼中的世界雖然美麗，卻是幻起幻滅的美麗。

(二) 科學家的人生觀

科學家將生命投入在萬物現象的分析和觀察之中。能夠觀察到極大的宇宙是無邊際的存在，同時，亦觀察到極小的質與量也是空無邊際的存在。這種無內無外的全體，便是整體的存在。

科學家的理論，指出我們這世界都是物質世界，往大看，大至宇宙，浩瀚無邊，是無限的；往小看，細微的質量與能，細小得幾乎並不存在，也是無限的。整個地球的生命，便由這一切的無限結合而成。與佛法所講「諸法空相」、「色即是空」的理論十分接近，但仍不足以代表佛法所見的世界真相。因為，如單純以科學的角度看，仍未能解釋為何人類要投生這個物質世界和死後將往何處，也無法徹底解釋因果不可思議、因緣不可思議。因此，很多科學家接觸到佛法就比較容易接受佛法和親近佛法。

(三) 政治家的人生觀

大政治家可以為了救國救民而奉獻時間、財產，乃至自己的生命。為了政治理念的實現，可以全心、全生命地投入。他們不考慮個人的安危，只想到人民的幸福，他們已能放下自私的小我而為成全全民的大我。可是，政治理念的不同，便是政敵，往往會拚成不是你死就是我活。所以，政治理想，跟現實世界總有距離。

（四）哲學家的人生觀

哲學家把生命扎根於他們所發明和堅持的理念。理念是通過邏輯的思惟而證明其合理可信。哲學家的發現，例如唯神、唯心、唯物、人文主義、存在主義、現象論，如今又有後現代主義的理論，均能與哲學家自己的生命結合為一。換言之，他們的哲學理念就是他們的人生觀及宇宙觀。

他們為了自己的理念而生存，他們的生命亦因他們的哲學理念而有了意義。當他們一旦生命消失，他們的理念仍能留存於世上，繼續推動下去，那就等於是他們的生命，進入了宇宙的不朽。

可是，自古以來，偉大的哲學家們，雖然豐富了人類生命的價值，但由於受到時間的考驗，哲學家的理論也不斷地被改進，甚至被彼此否定，以致逐漸演變成為僅是歷史上的哲學名詞。

（五）宗教家的人生觀

宗教家是將生命來迎接永恆全能的神，並跟對於神的信仰結合為一，人生是由於神的恩賜而來，也當服從神的意旨及安排，期待神的寵召而升天國，永遠與神生活在一起。神是創造者，人是創造物，起於神而歸於神。人與神既是彼此合一的，也是互相個別的。在人世間總是殘缺的，唯有回到天國，才是完美永恆的。此即彌補了藝術家、科學家、政治家、哲學家等生命觀的缺點。一神論的宗教家認為，人雖與神在一起，然人應各有其永恆的獨立人格，否則不免失之以人生個別價值的失落及自我立場的空虛。

正因為如此，偉大的藝術家、科學家、政治家們，多會接受宗教信仰，偉大的哲學家們除了唯物論者，多少也會有其宗教信仰的傾向，縱然不信特定人格的神，也會相信泛神。

五、踏實的人生觀

踏實的人生觀，也可以說是禪的人生觀。此當先從肯定自我開始，然後提昇自我，到達消融自我。

（一）肯定自我

這是說明我們的人生必有一定的目的、意義、價值。也就是自信、自知、自我的立場肯定，人生何為？生命何用？很多人都有一個共同的疑問：自己為什麼要到這世界來走一趟？人生為什麼會不如意事十常八九？事實上，若能承認我們既是為了受報而來，也是為了還願而來，就會發覺到人生本身就是原因的事實，是很有內容的，是值得珍惜的。

受報的意思，是我們除了這一生之外，過去還曾有過很多的一生又一生、一段又一段的生命過程；從過去無量世來所累積的種種罪報及福報，來到今生，然後延續下去，再到來生又來生。跟許多的過去世相比，我們於這一生之中的所作所為，非常有限。同樣地，所接受到、遭遇到的也極為有限。在現在生中，接受過去帶來的罪報及福報，同時又製造了不少的惡業及善業，準備繼續受報。

當我們知道了今生是由於許多過去世果報的累積，便能解釋為什麼我們在這短短的一生之中，所付出的與所接受的，並不一定相稱、相等、相平衡了。有些人，雖然付出的努力不多，卻能榮華富貴，集於一身。相反地，有些人雖然不斷努力，勤奮不懈，為善不在人後，才智不在人下，卻是命途多舛，身世坎坷，甚至潦倒一生。因為，這一生的受報，不論好壞，都是為了對其過去多世以來的一切行為，盡著回收及補償的任務，有的是你還他人的債，有的是人家還你的債。

小時候，我的心中曾有疑問：「為什麼在眾多兄姊之中，只有我一個天生的體弱多病？到底是媽媽不公平還是另有原因？」學佛之後，我知道，這都是自己帶來的。當我在一九八八年回中國大陸探親，與家人團聚時，我的三哥對我很羨慕，認為我是全家人之中，最有福氣和最了不起的一個。後來，我告訴他有關我的生活：每天喝的是白開水，吃的只是青菜豆腐；每天只能有四、五個小時的睡眠，我沒有假期，乃至生病之時，也得抱病工作；我沒有私人的錢財，乃至到了美國也沒有一張床鋪。三哥聽了便又覺得他比我更有福氣。因我相信，無量世來，我積欠眾生的一定很多，有力償還時能夠及時償還，也是一大福報。

人在一生之中，總會為某一件事，或向某一些人，做出若干許願和承諾，也有一些是沒有特定對象的許願和承諾，類似的許諾，從無量生以來，不知已有多少。因此，人生在世，除了為了受報，也是為了還願。受報是為了克盡責任，還願是為了實踐承諾。償債比較痛苦，還願是心甘情願的；償債是被動地受到逼迫，還願是主動地慷慨施捨。有人處處占你的便宜，時時纏著你不放，你便可通過佛教的觀念，最好是作還願想，其次也作還債想；還願是踐諾守信，還債是負責盡責。有悲願救濟眾生是菩薩行者，有擔當償還宿債是有德的賢者。能做如此觀想，遇到逆境現前時，心中便不會自怨怨人了。

（二）提昇自我

這是教我們如何從一個普通人，提昇成為一個賢者和一位菩薩。在提昇的過程當中，首先當放下自我利益而提起眾生的利益。普通人在不甘願的情況下吃虧，往往感到煩惱痛苦。假使我們能以菩薩的心做為榜樣，或是以自身來學習著修行菩薩道，便會知道，菩薩為了眾生，會做無限的付出，而不執著回饋；菩薩為了眾生的利益，便不計較自己為何吃虧，也不在乎自身為何受苦受難。無限止地付出自己的時間和金錢，乃至付出了寶貴的生命，也在所不惜，這就是菩薩的慈悲了。把一切利於眾生的事提起，且不再在乎自己的損失，也不會引起煩惱，那便是菩薩的智慧。當你全心乃至全生命地付出之後，你已增長了菩薩的慈悲與智慧，豈不就是自我的提昇嗎？

（三）消融自我

這是從有修有證、有施有受的層次，更進一步，做到完全沒有「自我中心」

的存在。從佛法的立場說，稱為「空、無相、無願」的三解脫門。「空」是三輪體空：無施者，無受者，無施的事物；「無相」是無四相：無我相、無人相、無眾生相、無壽者相；「無願」是無四願：無眾生可度，無煩惱可斷，無佛法可學，無佛道可成。這是八地菩薩以上的境界，叫作無功用行，雖其度盡眾生，卻不以為有眾生可度或已度者。

此於一般人而言，很難做到，但何妨心存嚮往，試著練習，當你付出之時不是為求回饋，付出之後不再掛在心上。對社會大眾做了任何多大的貢獻，要想像著那是社會大眾共同的福報所感；相反地，由於有了讓你奉獻的機會，你應感激社會大眾成就了你的道業。雖然這是道業，你也不要覺得這是你做的一項功德。若能如此，你雖尚未實證「無我」的境界，卻是有助於你的自我的消融。

（四）超越的人生觀

超越的人生觀，指的是已經徹底得到解脫的聖人。現舉出如下的一則禪宗公案來說明。

洞山良价禪師曾說：「直須向萬里無寸草處去始得。」接著又問：「只如萬

洞山良价禪師曾言
莫須向萬里無寸草處去始得
又問 祇如萬里無寸草處作麼生去
石霜楚圓禪師聽聞便云
何不道出門便是草
萬里無寸草處不離
處處都是草
超越了有草及無草
才能脫離執著的煩惱
聖嚴師父法語 弟子劉建志作畫
乙亥年臘月

里無寸草處，作麼生去？」後來有人將此告知石霜楚圓禪師，石霜便云：「何不道，出門便是草。」萬里無寸草處不離處處都是草。超越了有草及無草，才能脫離執著的煩惱。

《維摩經》云：「非凡夫行，非聖賢行，是菩薩行。」又云：「非垢行，非淨行，是菩薩行。」又云：「罪、福為二，若達罪性，則與福無異，以金剛慧決了此相，無縛無解者，是為入不二法門。」既不落於左，也不落於右，即左即右，非左非右，才能不受束縛而左右逢源。

《六祖壇經》云：「從前念、今念及後念，念念不被愚迷染。」心念不受外境所汙，每一念都能明淨無染，離主觀也離客觀，心中無一物牽掛，便是超越的人生境界。正如《心經》所說：「無智亦無得，以無所得故，菩提薩埵，依般若波羅蜜多故，心無罣礙。」心無所求亦無所得，才有大智慧的顯現。

（一九九三年十月二十四日講於紐約東初禪寺，李果嵩居士整理錄音帶成稿）

安心之道

今天，我講的是安定的觀念，所謂「安定」有好幾層意思：社會的安定、家庭的安定，擴大來講，還有國家的安定、世界的安定，就個人而言，有身體的安定、生活的安定，包括工作的安定在內。再深一層來看，那就是「心」的動盪，社會有問題，所以我們不安定，或者是周圍的人聲嘈雜，使我們沒有辦法安下心來。

剛才我從另外一個會場到這裡來，在那個會場裡，一部分的人聽我講開示，一部分的人彼此對話交誼，談論各自的感受，發抒自己的心得。有的是兩個人對談，有的是幾個人圍起來，聽一個人講話，就這樣形成了許多小組，大家熱烈地討論，因此會場裡面有一部分是安靜的，有一部分是不安靜的，聽我講開示的這一部分人，常常眼睛往旁邊睨視，一邊聽開示，一面心裡又受到嘈雜聲音的影響，因此我說：「我一個人在講話，你們聽的人這麼多，聽得清楚嗎？」他們回答：「聽得很清楚。」我又說：「如果聽得清楚的話，那邊的聲音應該聽不到，為什麼感覺那一邊很吵呢？」我這樣一講，他們馬上把「心」從嘈雜的環境收回來了，然後，我繼續講下去的時候，真的每一句話都聽清楚了，周遭的世界跟他們已經沒有關係。

大家都有坐小車子的經驗，坐在車子裡，不論是一個人或幾個人，到了十字路口，遇上紅燈，必須停下來，讓另一方向的車輛行走，而在同一方向還有很多車輛，人行道上也有很多人，摩托車也在一邊轟、轟、轟、轟地響，那些聲音真吵！這時候你心裡有什麼感受呢？是討厭，還是欣賞？是覺得這個世界好安靜，還是好混亂？有過這種經驗的人一定很多，但是有些人不論經歷一千次或一萬次，都沒有注意到外面和裡面有什麼不同，而有些人就會注意到車內和車外是兩個世界。這個時候，你是以「平常心」來看車外的世界呢？還是用一種無可奈何的心情來面對它？或者是很急躁？或者是很想按喇叭？究竟哪一種心情才是正確的呢？

當然，大家知道要用「平常心」，所謂「平常心」，就是到了這個情況下，沒有什麼好或不好，覺得是平常的一個情況，這就是「平常心」。所謂「不平常」，那就是覺得無奈，或者覺得心裡有一些煩。因此，有好多人在這種情形下，就放輕音樂之類的錄音帶來安定自己的心，如果是佛教徒，就放念佛號及誦經的錄音帶。但是一個打坐參禪的人，需要放錄音帶嗎？

有時在等候綠燈的時候，你會懷疑是不是號誌燈故障了，怎麼老是紅燈？警察在哪裡？因為你覺得已經等了相當久的時候，以為紅燈大概是失靈了，其實這多半不是真的故障，而是你心裡感覺等得不耐煩。

因此，說到安定，外在的環境是無所謂「安定」或「不安定」的，我們內心世界的感受，才對我們的情緒有決定性的影響。

同樣地，對小孩子的吵鬧，父母在高興的時候，覺得孩子好健康、好聰明、好活潑，好喜歡這個孩子，如果在賭大家樂輸了跑回家，看到小孩子調皮、吵鬧，就會覺得厭煩了，甚至會給他兩個耳光來洩悶氣。

由於心態不同，對所見到世界就會產生不同的反應。因此，學禪坐的人，並不是要馬上改變這個世界。然而，若要努力去影響外在的環境，自己的內心世界先要安定。如果內心世界不安定，就是把外在的環境弄得很安定，自己心裡的煩惱還會層出不窮，不安定的。

我曾經講過一個例子：有一位修行人，住在城市裡時，因為太吵鬧，不能修行，就到山裡去蓋房子住了下來，可是，山裡有刮風的聲音、水流的聲音、鳥叫的聲音……。白天的聲音已太多了，到了晚上夜深的時候，山間野外自然環境的聲音更多，蛙叫、蟲鳴、夜籟，都是聲音，換句話說，外面的世界都是混亂的。最後只好用棉花把耳朵塞起來，外面的聲音聽不到了，可是新的聲音又響起來了，呼吸和心跳的聲音，就像打鼓一樣。耳朵塞起來時，心跳的聲音，就像打鼓，砰！砰！砰！砰！那麼響，而呼吸在鼻子裡面進出的聲音有如風聲鶴唳。因此他認為在這個世界，大概是沒有地方可以供他修行了。

究竟什麼地方可以修行呢？許多人說，在家裡打坐是不行的，有孩子吵，有事情煩，親戚朋友、先生、太太、父母都會打擾；到廟裡來，廟裡雖也有很多人，所有的人在一起打坐，應該是沒有問題了；但是寺院裡也有種種聲音，因為我們也是在這個世界裡。有人到我們這兒參加禪七，晚上睡不著，因為有人打鼾，或者有人呼吸聲太大，無法入睡，白天也就沒有精神打坐了。因此，從禪的方法、禪的觀念來看，如果我們的「心」能夠自己安定的話，世界就處處都是安定的；反之，心若不能安定，則全世界沒有一個地方是安定的。所以，修習禪坐固然可以使我們的身體有一個坐得比較穩定持久的姿勢，但是最主要的還是在使我們的「心」能夠安定下來。而且光坐也不是容易安定，要用方法來使心安。用了方法之後，會發現自己的心好亂；心是不容易讓你自己來指揮的，不容易使它安靜下來的。坐的工夫愈深，愈能發現自己的動亂頻率愈高。沒有修行，沒有觀照自心之活動能力的人，會認為自己的「心」沒有問題，這是愚癡的人。如果有很細、很明的「心」，便會發現身體雖然坐得穩如泰山，心念卻是在活動，有時大動，有時小動，所以，進入初禪的人會發現心念的動，在一剎那中有六十生滅，換句話說，在觀察相當微細的時候，才會發現我們的「心」是不安定的。

禪的方法，就是要練習著使心安定，先是粗心安定，然後細心安定。所謂「粗心」，就是非常明顯的煩惱，「細心」就是沒有辦法說明，是屬於哪一類的心的行為，究竟是貪是瞋，或者傲慢、懷疑……，自己不容易察覺，但仍知道心尚在動。修行的工夫愈深，了解自己就愈清楚。兵法所謂：「知己知彼，百戰百勝。」一能清楚地知道自己和敵人的狀況，必定能打勝仗；如果有自知之明，而不知對方情況，則至少有一半的勝算，因為知道自己的狀況，就會隨時反省、檢討、控制，不會亂來。至於既不知己，又不知彼，那一定是每戰必敗，因為都是在混亂中行動。

安定必須從內心做起，我們的「心」應當是自己作主的，怎麼可以歸咎於環境呢？但是，如果心不由己，就會受到環境的影響而動搖，如同無主的孤魂，東吹西倒，毫無自主的能力。滿意歡喜的話，就欣喜若狂，高興得不得了；束手無策，窮於應付的話，就會覺得痛苦不堪。而多半都是屬於這種人，沒有辦法不受環境的影響。這種心念的意志力，是要靠自己去鍛鍊的。所以，學禪坐的初步目的，就是鍊我們的意志力，這種意志力鍊成功之後，自信心必然堅定，自然「無事不辦」。很多事情不是辦不成，而是不想辦，或是半途而廢。我常常說，成佛是好難的事，既信佛都能成，為什麼安心這種小事做不好呢？那表示自己的信心不足，意志力薄弱，願力不夠；只要發願，便可做到。

有些人常常在灰心失意、走投無路的情況下，遁入佛門，以為從此以後就與世無爭了。好像佛門就是專門接受一些意志力薄弱、灰心失敗的人。固然，佛門廣大，無所不容，什麼人都可以接受。但是，不要誤會凡是進入佛門修行的人，都是那些灰心失意的遁世者。相反地，修行禪法的人特別堅強。日本即是一例，當禪法傳到日本後，其武士道精神因為受到禪的觀點和方法的影響，使日本的民族精神更加旺盛。

前一陣子，報紙上刊登陳水扁立委看到國防部長陳履安到靈泉寺打禪七，就說：「要做部長就把部長做好，不要去打坐；要就打坐去，部長不要做了。」現在，陳委員也到農禪寺來，認識了佛教，不會再講這樣的話了。然而，類似這樣誤解佛教的知識分子仍然很多。因此，我們要講佛法也就是講禪法，禪法也就是心法，心法的意思也就是要鍊心，也就是「信心堅固」。如何能夠安心？必須要用方法來練習，僅在觀念上知道要安心，實際現場臨事時，不一定能夠安定下來，如果有了方法，不斷練習，遇到麻煩的時候，就能夠以「平常心」來對待。

有一句話：「平時不燒香，臨死抱佛腳。」到底是「臨死」還是「臨時」？兩種都有人寫，能夠臨死或臨時想到要抱一抱佛腳，這還不錯，怕的是臨死或臨時，此心已經很亂了，根本想不到要抱佛腳，怎麼辦？所以，一定要在平常的生活中練習「安心」的方法。也就是說，我們要把打坐——鍊心，當作日課，每天都坐，坐的時候，不一定每次都能坐得很好，可能是因為氣候，或者生理的關係，或者其他原因，心念起起伏伏，所以不一定每次都能坐得很好。但不管坐得好不好，要養成每天都打坐的習慣，每天坐十五分鐘或二十分鐘，乃至二個小時，就像每天早晨起床以後，要刷牙、漱口、洗臉、梳頭一樣地養成習慣，成為生活的一部分。

有些人認為自己太忙，沒有時間打坐，等老了退休以後再打坐，這時已經太晚了，我們一生之中，最寶貴的時段即是最忙碌的時段，最忙碌的時候，便最需要「心」的安定。這個時候不安心，等沒有事做的時候，才來打坐安心，這是很顛倒的。所以，我們今天推動禪的修行觀念與方法，就是給忙人幫忙的，而且愈忙的人愈需要。先總統蔣公就經常打坐，當今總統李登輝先生也曾找我去，教他打坐。

因此，我們現在有一個「社會菁英禪修營」，就是給現在最忙的人安心。他們的工作與事業能夠影響很多人，他們的「心」若能夠隨時保持「安定」，對我們的社會和國家就有正面而廣大的影響。這些社會菁英分子因為太忙了，只有三天的禪修時間，成員包括各級代議士、政府官員、大企業家，以及文化界、傳播界的從業主管，他們參加以後都覺得很有用。對於其他一般人想學安心之道，我們則有禪七的活動。諸位來聽我開示，聽後要活用，回家以後，要練習著安定自己的「心」；用以安家安業，才能安定我們的社會。

目前我們推廣「禪法」的人數，還是非常地少，我們正在培養中，現在本寺教打坐的人是供不應求；教人家打坐必須自己要會打坐，不能騙人。所以，我們需要更多的人來推廣「禪法」，讓大家明白，禪法的修行，目的在淨化社會，使社會更祥和、更安定、更進步；讓忙碌的人忙得更有信，工作更有效率。

至於「開悟」的問題，是有的，但是不要神化它，不要把「開悟」當作神奇的事，什麼叫「開悟」呢？簡單地說，就是「心」不為環境所動，也就是當我們的眼、耳、鼻、舌、身、意，接觸到外在的一切環境時，「心」不會受到影響而引起貪、瞋、驕、慢等的煩惱，這叫作「開悟」的人。

（一九九三年二月七日農禪寺禪坐會開示，周惠民居士整理，刊於《法鼓》雜誌四十八期）

清明心的重要

一、用手指月

今天的主持人馬佛仁居士，是我初到美國弘法時，最早的三位美籍弟子之一，我們有十七年之久沒見面了。但是，剛才他介紹我時，對我還是那麼熟悉，同時有那麼多的讚歎，我覺得很感動，也非常感激。

這些年來，馬佛仁居士一直保留著禪的觀念，以禪法的修行為日課；對武藝的造詣也到了世界級的層次。他剛才介紹我時，說到當手「指」著月亮時，不是看手指，而是要看指著的月亮。月亮象徵清淨心，但是，清淨心不是天上的月亮，而是我們心中的智慧之光，是無法用言語表達的。

馬佛仁居士講得很對，他真是我的一個好學生，一位聰明的弟子；他擔心師父沒有話講，所以，替我把今天的主題「清明心的重要」講完了。（大眾笑）

在中國，曾有一位師父，他什麼都不懂。可是，卻收了一位既聰明又有智慧的徒弟。徒弟介紹師父時，說師父是如何如何地好，講完之後，大家想聽師父講話。師父說：「現在，我沒有什麼要講的，等你們跟我的徒弟學好之後，那時我再來想想看有沒有什麼需要我講的話。」我想，我大概是這樣的師父，我已經沒有什麼話可以講了，現在我是不是可以離開了呢？你們贊成嗎？可是，我看到這座演講廳的後面牆壁上，掛滿了中國古代的十八般兵器，你們諸位又都是一個一個地武藝了得，我想要走出去，大概還不容易呢！（大眾哄堂大笑）

二、分別心與清明心

不過，最高的禪法，的確是無話可說的，這在中國禪宗史上，就曾發生這樣的故事。一千五百多年前，梁武帝請傅大士到宮中為他及文武百官講《金剛經》，大士上座後，以尺揮案，即下了座。梁武帝愕然，這時候，有位寶誌禪師問梁武帝：「陛下會嗎？」帝答：「不會。」禪師說：「大師講經竟。」因為心法是不用語言說的，無法可說才是最好的法。凡是能用語言講出來的，那是有分別的差別心、執著心，而不是清淨的清明心。所以《金剛經》中佛問須菩提云：「如來有所說法不？」須菩提白佛言：「世尊，如來無所說。」既然如來也無所說，今天所要介紹的清明心，根本無染無相，沒有讓人置喙的著力處，還要我說什麼呢？

不過，「清明心」這個名詞，內容相當廣泛，層次也有深淺，由下而上，則有普通人的清明心，有修行時候的清明心，有開悟以後的清明心，有諸佛悲智雙圓的清明心，諸位是想聽哪一種清明心呢？

清明，是清楚、明白、覺觀、覺照、寂照的意思。一般人，只有清楚、明白、覺觀，那只是頭腦分別活動而在清醒狀態而已，並沒有覺照與寂照的工夫；覺照，是在修行的過程中，才可能產生「覺」與「照」的工夫，覺是覺察妄念生滅，照是令妄念無所遁形；故又可名為觀照。當修行成功，開悟之時，是一片智慧，是寂然不動而又慧光獨照的心境，已無法用清淨、清明、覺照來形容它了。無我的智慧，是沒有執著與自我中心，隨時隨地有反應的功能，而這個功能不是為自己，是為一切眾生的慈悲心；對於眾生而言，佛的無漏智慧，是有功能有行為的。對於諸佛而言，心性永遠炯逾日月而常寂不動的，這是究竟的清明心。

以下，我先分析一下「心」是什麼？然後再講如何以修行的方法使此心達到清明的程度，並且說明清明心的作用及其功能。

三、心有幾種

心是什麼？是意識的分別作用，是念頭的起伏現象，是主觀的判斷與客觀的認識，是無漏無我的智慧。

以佛法的立場談心，約有四種，分別如下：

（一）虛妄的分別執著心

這不是真的心，而是從主觀的自我中心，自私的利害關係所產生的心理現象。

（二）混亂的愚癡煩惱心

愚癡是對於事情的觀察不大明確，認識不夠清楚，不但自己煩惱，也令他人困擾，這是凡夫的心理現象。

（三）清淨的信心及願心

煩惱心未必都是不好的，事實上也是清明心的基礎。因為，對於有善根的人，遇到困擾時，覺得這是一種麻煩，希望能夠將之轉變為寧靜、清明的心，這時候，煩惱心反倒是一種助緣了。因此，在發覺有煩惱之後，需要修行佛法，獲得身心的安定，故對佛法產生信心。然後，在佛法的修行過程中，才能使信心更堅強。同時，也要有迴向發願心，願現在雖然有煩惱，將來不再有煩惱了；知道現在尚是凡夫，應當發菩提心，廣度眾生，早成佛道。

（四）清明的無我智慧心

從普通的凡夫，轉煩惱為菩提，從生死入涅槃，成為一個有大智慧的聖人，將來也必定成佛。

今天有位嵩山少林寺的法師在這裡聽講，我來講一個發生在嵩山的故事。

禪宗的初祖菩提達摩在嵩山面壁之時，禪宗二祖慧可尚未開悟，他的心很不安定、很不平衡，希望達摩祖師能幫他的忙，為他安心。達摩問慧可：「請把你不安的心拿給我，我替你安吧！」慧可找遍他自己的心，往裡看，就是看不到他的心是什麼？他說：「我找遍了，不知道我的心在哪裡！」達摩說：「那麼，我已經替你把心安好了。」這個意思是說：無心可安，就是真正的把心安好了；這個無心，就是智慧。當慧可找心之時，煩惱突然消失，頓時開悟，這時他的清明

菩提達摩於嵩山修行時、弟子慧可求助祖師安心之法
師問慧可請把不安的心拿給我，我替你安心
慧可不得其解道、不知我的心在何處
師云那麼我已替你把心安好了
意思是無心可安、謂無心就是智慧
聖嚴師父法語
乙亥年臘月
弟子劉建志恭作

的智慧心顯現。

菩提達摩非常高明，沒有說明慧可不安的心是什麼？只是把問題丟給提出問題之人，讓他自己解決問題。他們兩人都很有福報，有這麼好的師父及這麼好的徒弟。我的福氣不夠，當有人要我替他安心時，我叫他們把心拿給我看，他們竟可以拿來一籮筐的心，提出很多的問題，要我來幫他們解決。

四、清明心的力量

清明心產生的力量，可以分為五個層次：

（一）清晰的理解力及記憶力

（二）明快的判斷力和決斷力

（三）明朗的自知力及自主力

清楚自己有多少自主、自知、自制的能力。有些在學問及事業上都很成功的人，多半會說他們有自制的能力，其實不然，他們的自主力及判斷力，是有些靠運氣的成分；因為運氣好，所以判斷正確，自主也一定是相對的。有時候，不是真正的自主，而是因緣巧合的關係，幫助了他們的成功。最近，有一對結婚已三年的夫婦來看我，我問他們兩人是否吵過架，太太說從來沒有，先生說：「好像沒有吵過架，但是，有時候會有一點小爭執！」太太馬上接著說：「那不是爭執，而是商量。」事實上，他們兩人已經當著我的面在吵架了。有時候，自己認為能夠作主，其實是要為他人作主。真正的有自信心，認為自己已經作了主，應該是當他人找你吵架時，你能不為所動。

（四）精確的分析力及組織力

這是可由先天的資質加上後天的訓練，可以產生的。若想成為一個傑出的學問家和事業家，這個條件是少不得的。例如：馬佛仁居士能夠帶動很多美國人士，跟著他練習中國功夫，並且把這個武術館「中美研究中心」組織起來，就不是隨便哪個人都能做得到的事。

（五）超越的觀察力及透視力

超越，就是把自己、自我放在旁邊，超越於客觀和主觀的觀察。實際上，這是開悟以後的人才具有的能力；超越於客觀與主觀的透視，其實就是洞悉萬象的本源真際，一覽無餘，不被擾攘的現象所迷，直探萬法的空性。

可知，清明心有不同的層次，一般常人的清明心，便是穩定性，那是理性和感性的調和；有了情緒的波動時，就不是清明心，無情的冷酷，也不是清明心；只有在溫和的理性之中，才能產生一般人的清明心。

若從文學家、詩人、畫家、音樂家、武術家、政治家、哲學家、宗教家等各層面看，也均有他們的清明心的體驗與清明心的作用。例如馬佛仁居士說：「武藝不是拿來打架的，而是使得心靈淨化、清明。」武藝本身是動的，但是，在動中有安定、寧靜、祥和的感受作用。

五、如何開發清明心

如何開發清明心？先要把身體放鬆、頭腦放鬆；當頭腦輕鬆時，沒有因強烈的自我執著為你帶來困擾，心中便不會混亂複雜，感受到自由自在。有了超越的清明心時，無漏無染的智慧便自然出現，這種智慧出現時，平等關懷一切眾生的慈悲心，也自然流露。因此，剛剛習武之人，遇到對象，便當作敵人，就擺出架勢招式，準備出手攻擊，渾身都是緊張的。只有已高明到出神入化的武術家，便真人不露相，看不出他會武藝；因為他們經常保持著輕鬆、和平的身心，在必要時只會拯救人，不會傷害人。

放鬆的方法非常重要，我們一起來練習一下：首先，把兩隻手放在膝蓋上，把身體靠在椅背上，把全身的肌肉放鬆，眼睛閉起來，眼球不用力；如果眼球用力，頭腦就會用力，渾身的神經、肌肉都會緊張。然後，臉部的肌肉放鬆，肩頭不要用力，手不要用力，不要感覺自己的上身有重量，重量的感覺在臀部和椅子之間，此時，只注意在放鬆的情形下，連身體的感覺也不存在。這個時候，頭腦是清楚的，對環境是清楚的，也很清楚身體在哪裡；但是，不要想到環境和身體跟你有什麼關係？最重要的，小腹也要放鬆，頭腦裡沒有妄念、雜念，四周雖然有聲音，但是，不去想這些東西。有了妄念，不必討厭，只要知道有妄念，妄念已經消失。再度注意放鬆就好。很好，大家做得非常好，有多少位已感覺到輕鬆的喜悅？請舉手，好！多數人舉了手。

六、從有我到無我的智慧

禪佛法的智慧，即是清明心，有了智慧的人，不會給自己製造麻煩，也能不給他人帶來困擾。例如：最近有一位英國人非常熱心地從倫敦來到紐約參加禪七。雖在報到日的三星期之前發生了嚴重的車禍，斷了二節脊椎骨，他竟然沒有想到，像這情形，已不能打坐，他卻依然花了機票及禪七的費用，準時進入我們的禪七道場。結果，一個晚上打坐下來，已經痛得他無法支撐。他還說：「師父，我既然來了，就要坐完七天！」我只有請他休息，還把他送到中國接骨醫生處，替他接骨，連續多天的送診治療，禪七也就結束了，也讓我的出家弟子果稠比丘天天照顧、為他開車接送，他覺得非常懊惱，我們負責禪七運作的人員也覺得不是味道。像這樣的情形，就是因為那位英國居士，連一般人應有的判斷心都沒有用上。

我不懂武術，但我知道，不論出於道家的太極拳法，或是出於禪宗的少林武藝，出發點都不在於攻擊敵人，而在於防身、健身，乃至於捨身、忘身；倘若能從有我的層次，化入無我的境界，那便是以無招勝有招的禪境了。

（一九九四年十二月三日講於美國的中國研究中心，姚世莊居士整理錄音帶）

心靈環保

我們今天的講題是「心靈環保」。「心靈環保」的意思是指對環境衛生的保護，以及人類生存空間的維護。為什麼要講「心靈環保」呢？因為環境的汙染是由人造成的，「環境」本身不會製造任何汙染，植物或礦物也不會為人類環境帶來汙染。唯有人類會製造髒亂，不但汙染物質環境更是汙染精神環境，從語言、文字、符號，種種形象以及各種思想觀念等都會為人類的心靈帶來傷害。物質環境的汙染不離人為，而人為又離不開人的「心靈」。如果人們的「心靈」清潔，則我們的物質環境不會受到汙染。因此，我們討論環境的汙染，就必須從根源著手，也就是要從「心靈」開始。

「心靈環保」雖然是新名詞，但是我們中國自古以來講「仁」、「義」、「愛」等，都屬於此一範圍。佛教講「慈悲」、「智慧」也屬此範疇。西方宗教提倡「博愛」亦不離「心靈環保」。因此，欲使國家社會富強康樂，必先建設「人心」。如何建設呢？

以下就我個人在佛法上及生活上的體認，做一番介紹。

一、要有方向感

所謂「方向感」是指「立志」，佛教名詞是「發願」。「立志」是要有大目標，可是大目標會因時空的遷移而逐漸遞減乃至消失。人們自幼都胸懷大志，總是期待自己將來會成為什麼樣的人，要做什麼樣的事業。然而，往往在小學時代所立的「志願」，一進入中學便有所變動，如是從小學到大學，縱然已踏入社會，也一樣變化多端。請問諸位長官：「當你們念小學時，是不是已計畫將來要進入貴政治作戰學校念書？是不是長大以後要當軍人呢？」或許有些人一開始就擁有這種心願，然而這種人畢竟不多，大部分的人都是隨著年齡的增長，環境的變遷，慢慢地促使自己走向這一條路上來的。由此可見，人先要有方向感，但是「目標」不一定要馬上建立起來。「方向」也可以說是做為一個人的基礎，從基礎點上一步步地往未來邁進。「方向」也是指盡自己的心力、體力，處處運用種種的資源、時時學習成長，只要是對社會、國家、世界有利之事，就要全力以赴，這就是「大方向」。其實大方向沒有一定的目標，反而能成其為最大且是無限大的目標。如果僅設定一個目標，結果可能會很痛苦。什麼道理呢？例如：參加大學聯考時，會填寫第一、第二、第三志願，以防第一志願沒有考取時，可退而求其次，念第二志願的學校，乃至第三、第四的志願，這樣作法，是正確的。有些人一心一意鎖定非考取第一志願不可，如果沒考上，連第二志願也不願念。有這份志氣固然很好，或許可依靠自己的努力而如願以償，可是，有些人根本是進不了校門。基於此，我們如果能運用一句俗諺「騎馬找馬」，似乎比較妥當，縱然一時之間找不到良駒，能有一匹跛腳馬應急，也是不錯。有了這種心理準備，就是考不上理想中的學校，至少不會那麼痛不欲生。

二、邁向方向的過程須加以努力

我們在朝向「方向」的過程中是必須加以努力的，因為在每一步的前進中，隨時會遇到「山窮水盡」、「柳暗花明」的現象，但是，「山窮水盡」並不等於無路可走，「柳暗花明」也不意味著永遠有好的前程在前面等著。我們一路往前走就好比登山，時而康莊大道，時而羊腸小徑，忽而遍處荊棘，或臨懸崖絕壁，忽而又置身於賞心悅目的自然美景中。登山未必一直往上攀爬，有時是「迂迴曲折」，有上也有下，最後才抵達峰頂。在這一切的過程之中，不可否認，我們都必須仰賴因緣的促成。

有人說：「種瓜得瓜，種豆得豆。」請問：種瓜是不是一定會得瓜呢？如果將「瓜」的種子播種在沙漠裡，且得不到雨水的滋潤，其後果如何？想必大家都很清楚。記得在屏東大橋下有一條溪流，非常適合種植西瓜，有一年，豐收在望，不料在一夕之間由於颱風的肆虐，前功盡棄，如此辛勤種瓜，結果是無瓜可得。那麼，種豆是否得豆呢？也是同樣的道理。不過，我們要明瞭一項事實：要想有瓜收成，有豆享用，一定要種瓜種豆，不事種植，僅盼坐享其成者，不合天理。或許有人會相信「有因一定有果」不是事實，於是說：「因果」並不可靠。其實，「果」一定是從「因」而來的，可是從「因」到「果」的過程裡，必然要有許多的條件因素加以配合，佛教稱之為「緣」。也就是指主要的條件加上環境、時間，他人及自己的配合，此即所謂「天時、地利、人和」。如果因緣不具足、不成熟，強求也是求之不得。例如：種瓜若非風調雨順，又懂得種瓜的種種技術，深耕淺栽，澆水施肥、除草培土等等的條件，從種子、瓜苗至開花結果，都必須有一番成長的經歷及照顧，才能有好的收成，這些都須配合各種的條件因素再加上自己的努力，最後才有好的結果。

在人生的過程之中也如同種瓜，我們很難掌握自己的命運，所以，人在世間須「盡其在我」，本著「只問耕耘，不問收穫」的信念，不斷地向前努力、再努力。努力的階段就是在成長自己。在成長自己的同時更要時時考慮到利益他人。如果自己沒有得到甜美的果實，而由他人獲得，我們也要以感同身受的心情為對方感到高興、欣喜、慶祝，這豈不是另一份的喜悅嗎？所以，「因果」的過程一定要有「因緣」的配合。

三、爭取及奉獻

現在有很多的民意代表在競選中做政見發表時，口口聲聲說「願為民奉獻」，以此口號來取得選票，骨子裡是以「奉獻」為口號而以個人爭取權勢名位為目標。社會上真正有理想、有抱負、肯為全民福祉而奉獻服務的大政治家，的確不多。然而能提出這一句口號的人，也算不錯，起碼能說一句「奉獻」，至少他必須去兌現他自己在政見會上發表的諾言；可是，如果競選落榜，也是一件非常痛苦的事。

最近有一位臺北市選出的國大代表，參加我主持的禪修營時對我說：「世界怎麼變得這麼美好！能來參加禪修營是如此地自然，又如此地自由自在，可是禪修營中的生活卻如此地辛苦。」我問：「你在競選國大代表時的感受如何？」他回答：「哦！很忙，很累。」我再問：「是不是被打得頭破血流？」他說：「啊！還好！現在我還健在。」這表示他如何地在緊張、忙碌之下爭取這項公職，付出努力的代價是多麼地大。我又問他：「爭取得到之後，你究竟要做什麼？」他說：「更忙，更覺得自己的責任重大。」這是一位很好的國大代表，才有這樣的觀念。

如果僅為爭取而爭取，動不動就揚言「奉獻」，這不但欺人且又騙己。反之，能以奉獻為出發點，奉獻的本身就是目標，至於是否能獲得回饋，根本不放在心上，這種觀點，和我剛才提到的，種瓜未必得瓜的道理是相通的。

再談奉獻對自己是否有好處？表面上看奉獻，好像自己很吃了虧，將自己所擁有的，奉獻給大眾，到頭來，大眾究竟能給你回報什麼？自己付出那麼多，結果豈不是白忙一場什麼也沒有得到！如果有這感受時，就要反轉念頭，應該如此想：人，本來就是要奉獻，奉獻就是我來這世間的目的，我的奉獻，並不表示我想得到什麼。我的生活目標就是為了奉獻，我不想得到什麼。因此，當我能奉獻別人時，我感覺到自己很快樂、很滿足。奉獻之後，別人不懂得回饋，我不必覺得難過或指責對方不好，因為我只是完成我自己應該做的工作而已。我不但在奉獻中自我成長，也在成長中不斷地奉獻。我能奉獻，表示我已擁有。奉獻我的體力、心力、智慧力和財力。能奉獻且以奉獻為目標，則時時生活在充實的愉悅之中。其實，奉獻的本身就是一種回饋。

還有，我們對「實至名歸」這句話也要有所了解，例如剛才貴校校長鄧祖琳將軍的介紹辭中，說我歷年來獲得一些榮譽的獎項，其實這都是國家社會頒給我的，是不是給我的回饋呢？可以說是，也可以說不是，為什麼？因為我始終都沒有希望要得獎的念頭，可是「獎」是自然而至；對我而言，只是做了我該做的事，如果將已做過的事放在心上，老是為是否得獎而憂慮或期待，得獎時就會欣喜若狂，那不得獎是否要垂頭喪氣，乃至從此以後就不願再做任何事了呢？事實上這些想法都是錯的，我不必為自己獲頒某種獎項而感到欣慰，可是，我卻為我們的社會感到歡喜，為什麼？因為得獎不是我個人的事，而是整個社會環境與風氣給予我們這麼一個機會，讓我們來奉獻，甚至因此而獲頒獎。能得到頒獎，也不是靠我一個人的力量，乃是有一群和我的理念相契的人，大家共同攜手分工合作，為我們的社會付出，而我僅僅是代表這一群人來接受獎勵，如此而已。也可以說：是因緣促成。所以我要說：「奉獻不必要有目的，回饋是一定有的。」一般人是用爭取獎項來做為努力的出發點；賢者與智者，當以「奉獻自我」做為努力的原動力。如此，我們的一生，將會是「萬事如意」。

四、以利他的存心，達成自利的目的

以利他的存心來達成自利的目的。這與前面所提到的「奉獻」，有異曲同工之妙。凡是人，都希望自己有所成就，有所成長，有一番大事業、有財富、有名望、有地位等，這些期望誠屬正常。人一定是慢慢成長，成長後再為社會提供「奉獻」。所以一般人都以自利來幫助他人，以自利來參與社會。譬如：公司想賺錢，於是就提出：「要為大眾服務並奉獻公司的成果，將成果與社會大眾共同分享」的理念。請問：提出這樣的說明所為何事？說穿了還不是為了公司的利潤。反之，以自利利人為出發點，公司可成長得更快，縱然是因緣不成熟而不能稱心如意地成長，也不見得是白費力氣，因為目的無非是為了利他。

現今的社會，有許多問題。昨天，我在中壢主持一場由工、商、政、教、企業界負責人等約五、六十位，組成的企業界座談會，由我主講主答。其中一位企業界的老闆問我：「目前的社會，都是以利當頭，我們的公司，想從事研究發展，以便推出新的產品和技術，可惜我們所培養的人，尚未完成研究工作，就已被其他公司以高薪挖走，而且都在祕密中進行，讓我頗覺寒心，更不知是否要繼續培養研究人才？請法師慈悲指示。」我回答：「這不是很好嗎？貴公司不是為了社會國家嗎？貴公司辛苦所培養的人才，由別的公司運用，也是一樣為社會國家奉獻出一份力量。」他又問：「是啊！不過如此一來，我的公司就很倒楣，我不得不考慮這種投資是否值得？」我說：「值得呀！不過要如何留住人，不會楚才晉用，人才不外流，這些都須靠貴公司同仁之間共同努力，你不妨從貴公司的理念、制度，重新加強建立，或許可留下人才。」

如果我們以利他為目的，縱然是發現有人要離開，或沒有如你所想要獲得預期的東西時，在這個時候就不會頹喪、灰心或以為是失敗。其實失敗是成功之母，失敗也是一種過程，失敗的本身就是一種成長，所謂：「不經一事，不長一智。」世界上沒有不失敗的事，跌倒並不等於失敗，乃是經驗。我常常告訴我的弟子，要學「不倒翁」，隨倒隨起，連倒連起。倒下以後，馬上站起來，此處不能站，退一步也可以站，甚至轉一個圈也可以站，所謂「山不轉路轉」，山不動，人要動。如此，我們的命運自然可轉變。

五、從整體大局著眼，從個人的成長著手

佛教常說，無限、無量、無數或恆河沙數，地藏菩薩的願心是「地獄不空，誓不成佛」、「眾生有盡，我願無窮」。地藏菩薩的救世心願是沒有窮盡的，他是放眼於永恆無盡的無量眾生，不為個人。從時間上來說是永恆的，從空間上而言是無限、無邊際的，如果凡事都能為他人考量，則自己內心的煩惱必然愈來愈少，相對地也愈能獲得他人的尊崇，或許你在團體中毫不出色，可是能替他人設想考量，縱然不能成為領導者，此人在團體裡必定受到每一個分子所尊敬。

記得某校有一位校工，數十年來都是以校為家，對待學校裡的學童，都將他們視為自己的小孩來疼愛，雖然他沒有結婚，可是他的孩子比誰都多，凡是該校

的畢業生，都把他當成自己的親人那般地愛戴。

有一位在痲瘋病院的女士，自從二十多歲住進該院至今已五十多歲，她沒有結婚，一日突然帶她的孫子來農禪寺，我很訝異地問：「妳什麼時候有這麼一位可愛的孫子呢？」她說：「很久了。」我又問：「哦！是誰生的呢？」她回答：「當然是我兒子生的。」我疑惑地問：「妳不是沒有結婚嗎？」她說：「是啊！」我再問：「既然未婚，哪來的兒、孫？」她告訴我：「師父，這其中有一段小故事：他的父親從小就是孤兒，我一直照顧他長大，後來就叫我媽媽，他生的孩子當然叫我祖母。」這麼一位沒有結婚的痲瘋病患，擁有數位孫子，一直覺得很安慰。她以前是為兒子付出，現在又為孫子付出，每月僅以微薄的收入為孩子做衣服等，她總是想到別人，從不為自己著想。我問她：「將來怎麼辦？」她說：「我不想將來會如何？只要現在過得很愉快就好。」我進一步問：「可是，萬一小孩將來不照顧妳……。」她樂觀地說：「我從不想這些事，我只想如何照顧他們就好，反正死後，總會有人料理我。」這種觀念真令人感動。

由此可知，我們在社會上或在團體裡，那怕是沒沒無聞、微不足道的人，也可以為全體想，為他人想；能做到少為自己想，生活一定過得很充實很愉快，且會終生感到很安全。有些人總覺得自己不安全，為什麼不安全呢？沒有金錢、沒有背景、沒有人事等等，因此，挖空心思，絞盡腦汁設法「爭取」，爭取到最後，終究還是雙手空空地走了。何不多想一些「如何為全體奉獻」，能如此想，才是安全之道。今日的臺灣，沒聽說有餓死的人，或死後無人掩埋的事。所以也有人問：「法師，您死後怎麼辦？」我回答：「一定有人來替我收屍。」又問：「萬一沒有怎麼辦？」我說：「也沒有關係，或者有螞蟻或者有其他的蟲類會拿我作窩、把我當作食物，這不是很好嗎？」或許有人會說：「落到這種下場實在很悲慘！」其實也沒什麼好悲慘的，死了就死了，根本沒有事。

六、以慈悲包容人，以智慧處理事

對於人，我們一定要以慈悲心來關懷、體諒、幫助。世界上只有壞事，沒有壞人，人做壞事，並不代表此人就是壞人。一般人的觀念總是認為搶劫、綁票、強暴、縱火的都是壞人。但是，往往「大壞人」只壞一次就沒有機會再壞。在做壞事之前，是好人，做了一次大壞事，被捉、破案、坐牢、判刑，最後可能被槍斃。我們也看到很多惡人被槍斃前說：「請大家不要學我，我做錯了事，對不起社會，對不起父母、兒女，希望我的下一代不要學我。」唉！人之將死，其言也善。邪惡之人怎會天良發現而好話連篇呢？其實這些人並不壞，只不過一時糊塗做了一件壞事，所以，我們要以慈悲心包容所有的人，夫婦、同事之間，乃至社會上形形色色的人，都要互相包容、彼此體諒。

當然，我們也不能因為要包容人而變成爛好人、變成鄉愿或沒有原則的人，對任何事都唯唯諾諾，什麼都好。事情是要以智慧來處理的。

曾經有人問我說：「如果有一位殺人犯，越獄逃走，結果身中一槍逃到農禪寺，師父！您如何處理？」我說：「我不考慮他是不是殺人犯或是從監獄逃脫出來，先送醫要緊，如果他不願到醫院，可以請醫生來出診，以人命為先。至於他到底做了什麼壞事，暫且不予理會。萬一警察找上門來問說，是否有這麼一個人逗留在寺院裡？我一定說有，為什麼？因為事實上就有這麼一個人在，我不能說沒有。也不考慮他被捉回去是否被槍斃的問題。當然，如果能有機會讓他悔過自新，是最好不過的事，在法律上如有這種機會，見死不救，就是沒有慈悲。」

所以，我們是要以智慧來處理事情。所謂智慧，是包含常情與常理。常情、常理該怎麼做，就依照常情、常理去做。

最後祝福大家萬事如意，身心健康。

（一九九三年三月十四日講於北投復興崗政治作戰學校，根據華視三月二十四日「莒光園地」節目錄影帶整理成文）

話夢人生

相信每個人都曾有過做夢的經驗，不論好夢或噩夢。當人做好夢時，不但希望那不是一個夢，甚至希望做得長一點。此時，如果有人來擾亂或打斷你的美夢，心裡可能會很不舒服。

今天我之所以提夢，是因為人的生活和生命過程都和夢一樣，什麼時候夢醒，什麼時候在夢中，通常分辨不清。一般而言，睡時是短夢，醒時是長夢。而在我們睡時的夢中，也可能會有睡了醒來，醒後再睡的經驗。其實，我們整個的人生和整個的宇宙，就是一個大夢境。少數善根深的眾生，可能在夢中偶爾醒轉，但醒轉後又再入夢。一般眾生則若不見性，生生世世都在夢中。因為一切皆虛，一切皆假，就是不知是虛是假。能於醒後不再做夢的人，那是初地以上的菩薩。

在幻覺上，我們感覺做夢是假，醒時是真。如果透過生與死來看，則我們的身體是假的，環境也是假的，都不是永遠的。然而，要能真正了解到、感受到、和體驗到此生命是假的，則需要透過勇猛修行的工夫，而不只是聽我講一次開示就夠了的。僅從知識上了解，不能就讓我們體驗到生命是虛妄的。

古代中國曾有一則做夢的故事，描述一位年輕人，在赴京考試的途中，遇一老人正在煮小米飯，老人見年輕人旅途疲倦，因此借他一枕，並對他說：「既然很累的話，何不睡一覺，休息一會兒。」年輕人於是著枕而眠，並於睡眠中做了一個長夢。

夢中年輕人中了狀元，當了駙馬，做了宰相，並有許多妻妾，和多得連他自己也不十分清楚有多少的子孫後裔，而且非常長壽。最後，雖然他仍戀執生命，有一天，他終於壽終了，有一夜叉將他帶領至地獄，理由是因為他在生時，利用權勢欺負老百姓，做了許多壞事，其中較重者是，他利用賑災之便，將錢款挪為私用。所以他被判上刀山，下油鍋，他感到巨大痛苦，因此大聲喊叫出來。此時老人正在他身邊喚他，並告訴他：「飯已熟了。」

通常煮飯只需二十分鐘左右的時間，然而他在夢中，卻感覺百年已過，人事變化遽大。在我們日常生活經驗當中，也常會有類似的夢境出現——夢境很長，而事實上只過了五分鐘，或一、兩個小時而已。在我們打坐時，時間過得快或慢，也特別容易感覺得到。若腿愈痛，愈不能集中注意力，則時間過得特別慢；若腿不痛，愈能集中注意力，則時間過得特別快。

夢本就是夢，我們的時間就是在夢中過去的，但是因果沒有過去，有人說佛教是消極的，事實上，佛教是積極、樂觀的，不是悲觀的。因為佛教不只是談苦、空、無常、無我，更配合因果的觀念來講。以一位菩薩而言，其起心動念皆要負因果責任；但以凡夫而言，其心雖動，若未表現於身、口的行為時，通常不需負責任。

相信許多人都曾動過這樣的念頭：若見一可愛之物，便想占為己有；若見一可憎之人，便想殺之後快。甚至為人母者，深為吵鬧的孩子所擾時，亦會動此念，但實際上並未付諸行動，使之成為事實。這種情形，以菩薩的悲心而言，已是犯了殺戒，但以常人言，並不犯戒。在我們日常生活中，或是夢中，可能常有這種念頭出現，可是在我們打坐時，就很少有人還會動念打人或殺人，因此，一個修行人，應該能夠做到平常就不會有此犯罪的念頭出現。

可能很多人也曾經有過這樣的經驗：看到某一景象，或讀某一本書時，有似曾相識的感覺。人之所以會有這種心理反應出現，原因很多，其中之一是因為我們在感應和反應方面，只反應出心象的一部分，就像名攝影家郎靜山先生的一幅攝影作品，是把四川的峨嵋、安徽的黃山，和長江三峽、黃河兩岸的風景，湊成一幅很美的山水畫，我們在日常生活中也一樣，將所見、所聞和所想的，片斷地進入我們的下意識裡，我們已經記不得了，而在某個時空中，它們又以片斷的方式，似是而非地結合著呈現出來。我們的夢境也有是如此的。

一般而言，醒時感到自己在做夢的人較少，夢中感到自己是醒著的人較多。從修行的經驗來說，沒有見性的人，大多認為自己是清醒的，認為自己是沒有問題的。而自己發覺到自己是有問題的，即等於在夢中知道自己在做夢，這樣的人比較少。在這個世界上，聽說修行的人很多，願意經常修行的人很少，而真正在修行、確實體驗修行，並有耐心追求達到見性的人更少。這又與做夢的情況一樣，了解這是一個夢，並曉得自己是在做夢的人很少；知道自己在夢境中，希望趕快醒來的人也很少。有些人明知是夢，還是留戀其中，不願醒轉。而最多的是，做夢的人不知自己是在夢境中。

夢中出現一些不道德的情景，或為日常生活規範所不容許的行為，可能也是很多人都曾經有過的共同經驗。這是因為我們的心裡，潛藏著這種犯罪意念，而所謂犯罪，就是煩惱心。修行而已見自性者，醒時不會做壞事，亦不會犯戒，偶爾仍會有犯輕罪、犯小戒的夢境出現。這是因為還沒有解脫，也是與聖位菩薩不同之處。

幾年前，有一次夜晚我在美國上課時，突然停電了，大家很高興地叫了起來，為什麼呢？這也是一種潛在的犯罪心理的表現。此種潛在的犯罪心理，懼怕光明，而在黑暗的狀態中感到自由。夢，也是如此。

夢中是夢，整個的人生也是夢，雖然佛陀告訴我們，要將真實的人生當夢看，人生是虛妄的、是假的，但是我們仍需對夢境中的行為負責任；不論是人生的夢，或是在人生當中所做的夢。因為身體的活動是業，心理的活動也是業，夢境是假的，因果相尋的業力牽引，則是歷歷不廢的。

（一九八七年六月二十四日於東初禪寺禪修班開示，陳果儼居士整理）

生命與死亡、學問與生活

（一）生死問題

中國民族一向均有「死生有命，富貴在天」的達觀態度，可是，現代的中國人，卻對生命及死亡的問題，多有茫然失落的空虛感。

生命的事實，原本不是偶然的現象，更不是無可奈何的存在；死亡的事實，原本不是突發的現象，也不是悲哀無助的毀滅。有生必有死，乃是同一件事的兩種現象。平常人的貪生怕死，是因為不知道死亡之後的去處；少數人的厭生求死，是因為不知道死亡之後的責任並沒有結束。

思想家們能夠以坦然的心情看待死亡，是因為發明了他們的哲學觀念。例如孔子說：「未知生，焉知死？」是主張以現有的生命最重要，不必追問生前是什麼，也不必憂慮死後會怎樣。

又如莊子說：「方生方死，方死方生。」生與死是相對的，也是相成的，本身是相即而不相離的，所以莊周夢為蝴蝶之際，不知是蝴蝶變成了莊子，還是莊子變成了蝴蝶；又於喪妻之後的莊子，鼓盆而歌，因為人生是從虛無而有氣質形體，再從而變化，回到死亡，休息於天地之間，所以不必為之哀泣。

又如《列子・楊朱篇》，以為人沒有不死的道理，不過既生為人，即應順其生長發展，不必有長生及速死的想法。

至於佛教主張，人的生命是由於過去世的業力及願力；一般凡夫由於業力的牽引，出世的聖著由於乘願再來。凡夫的死亡，是為了去接受另一生命階段的罪報及福報。今生造惡業，死後受三塗苦報，今生修善業，來生受人天福報。苦報受畢，還生為人，福報享盡，還墮惡道。唯有及時努力，死後可保福報，唯有放下自私的我，方能解脫生死的苦惱。

從佛教的觀點看生命的事實，既是權利，也是義務。由於過去世的積德修善，才有此一人生的生命。應當享用這份得來不易的權利，必須做你應做想做的事，自利利他的事，故不得輕言放棄這份權利。

此一生命，也是由於過去世的造作惡業而感得的苦報，等於前世欠債，今生

莊周夢蝶
乙亥麗月
夢君建造

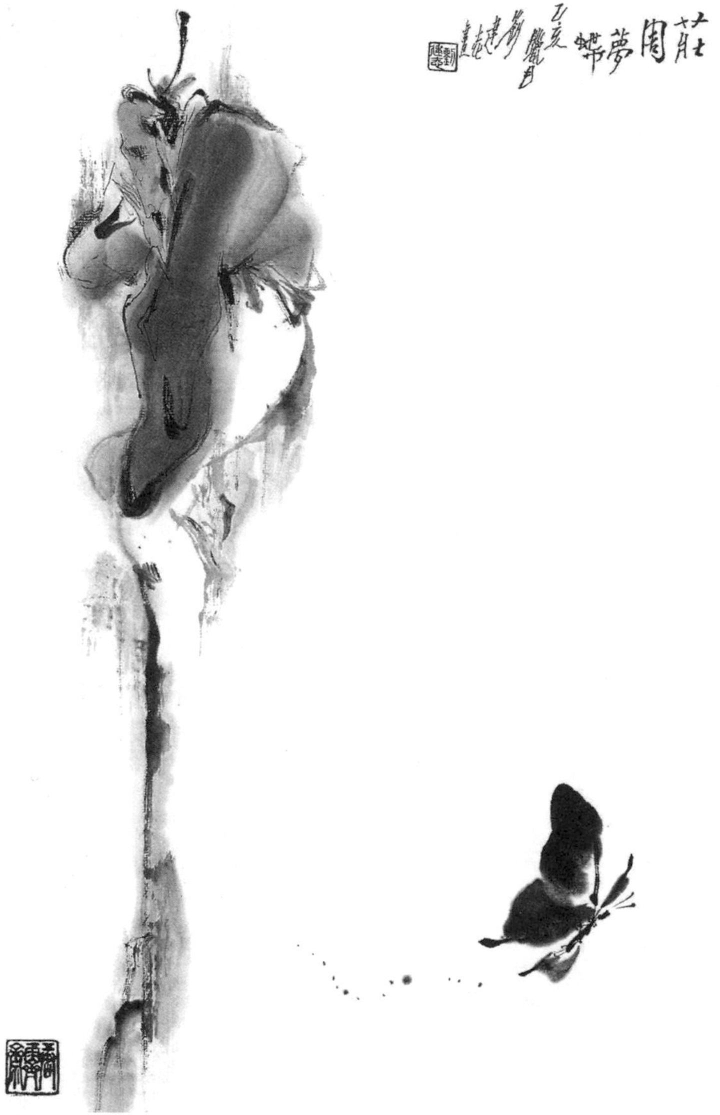

還債，若不履行還債的義務，便是無賴，將會債上加債，愈欠愈多。故對生命過程中的苦與樂、逆與順、成與敗、得與失、壽與夭、健康平安與多災多難，都應面對現實接受它，同時也面對現實來改善它。

（二）談父母心中對生與死的認知——如何教育兒女有關生命的意義

有了兒女的人，當對生命的價值及死亡的意義，有正確的認知。對於生命要充滿了希望的信心，對於死亡要做好隨時的準備。為了隨時做好面臨死亡的心理準備，便得珍惜現有的生命，善待生命，善用生命，多做智慧的充實，多做福德的種植，以這些成果來面臨死亡、通過死亡，做為進入另一個生命階段的資本。

做父母的人，當兒女知道學習思考的時代開始，即應教給他們有關生命尊嚴及死亡事實的正確知識。告知生從何來，告知怎麼妥善地享用生命，成長自己。告知死將何往，告知死亡並不可怕，只是像走了一天路的人，夜晚需要躺下睡眠休息，那是為了準備明天還要繼續向前走。一程又一程，直到解脫生死，乃至成佛，得大自在。

做父母的人，至少要讓兒女了解，人的生命的出現和存在，有其一定的原因，人生的死亡和消失，有其一定的去處。並不是毫無來歷地生到人間，也不是死了便一了百了地到此為止。

（三）如何紓解現代人在生活上的壓力、家計的壓力、工作及課業的壓力

生活的壓力，是由自我與社會環境及自然環境的對立所造成；家庭生計的壓力，是由經濟條件的收支不能平衡所造成；工作及課業的壓力，是因個人智能稟賦以及缺乏安全感所造成。其實，如能不受外在環境的現象所影響，不論是正面的影響或負面的影響，心理的壓力就會自然消失，若能有樂天知命的修養，不論遇到順境和逆境，都能淡化與美化。

如果能有自知之明的修養，那些壓力，就會隨著自知程度的深淺而相對地減輕減少，乃至沒有壓力。自知什麼？包括自己的先天資稟、學習能力、意志力、體能、財力以及社會資源，加上時機的所謂命運福報，便能選定方向，盡其在我地從品德、才能、知識等各方面不斷努力，充實自己，成長自己，但求耕耘，不論收穫，你的壓力感，就會漸漸地消失。

對社會環境及自然環境，不失望也不奢望，盡力而為，順應自然。對經濟問

題，開源節流，量入為出，不浪費，當節儉，須常有危機感，但不要有恐慌感。享受人生，並不是耽於物質的欲望。貧窮不是恥辱，惜福乃是美德。

工作及課業，能優則優，不能優也並不等於走投無路。能擁有健全的人品、健康的身體、愉快的心境，才是人生的資本。不要盲目地被環境的風氣，傷害到你的身心，相反地倒應該影響他人，向你學習，如何地享用人生。

（四）學思與現代生活——如何以美好的明天，來面對我們的生活、面對我們的生命、面對我們未知的未來

「明天總是好的」這個觀念，必須建立在「現在就是最好的」立足點上。既然現在就是最好的，生命的本身，不論是目前和未來，必然都是最好的。

現在真是最好的嗎？不論從客觀面及主觀面來看，若用比較的態度衡量，就不一定了。若從佛學的思想層面看，只要能夠肯定自我的生命體，是跟無限長的過去世及無窮遠的未來世連綿不絕的。現在的價值，不論是苦是樂，是成是敗，都是最寶貴的，最可珍惜的。因為能夠善用「現在」，對過去負責，也對未來負責，正好是一邊清償積欠的舊債，一邊又在積儲功德及智慧的財富。像這樣的關鍵時刻，誰還能說不是最好的階段呢？

如果我們有了這樣的學思認知，必然能夠接受每一秒鐘的現在，珍惜每一口呼吸的現在，也能懷著十足的信心和無上的願心，迎接光明的未來。為什麼？因為未來當然也是最好的，以最好的心態，享用最好的現在，當然每一步都是在迎向最好的未來。

（一九九五年一月七日講於臺北第一女中活動中心）

照顧自己，關懷他人

從佛法的立場來說，照顧自己的目的，就是為了發心關懷別人，所以並不自私。然而，必先了解什麼是「自己」？什麼是該得到的「照顧」？否則，為了貪得無厭的目的而照顧自己，反而會害了自己。進一步說，很多人連照顧自己的方法和原則都弄不清楚，而口口聲聲強調要照顧別人、關懷別人。那麼，被照顧及被關懷的人，能否獲得正確的照顧和關懷，便有疑問。原意是存好心、做好事，結果往往適得其反。

許多人剛接觸佛法時，對於佛法的「放下自我」，存有誤解。於是，產生兩種不同的結果：

第一，非常消極：這也是很普通的現象，他們由於放棄自我的尊嚴而不再努力，不能肯定自我的價值而不負責任。不懂得真正照顧自己的人，當然也不會真正去努力修行。

第二，非常積極：他們自以為立志奉獻自我，不再自私。因而到處廣結善緣，並且強迫別人接受他們所認為的好事。實際上，很多宗教家、革命家、政治家，都有這毛病。他們的出發點是為了救世救人，由於不了解自己，不懂照顧自己，也不能設身處地為他人著想，他們的積極，非但不能為人類帶來福音，反而引起世界諸多的鬥爭、殘殺等的災難。

我們必先了解了自己，知道了自己是什麼樣的人？什麼叫作人？人是怎麼構成的？才能進而理解佛陀所講的眾生，是有種種根性、種種差別和種種需求的。因此，才會有千手千眼觀世音菩薩信仰的出現，來普應眾生各種不同的需要。也就是先要自覺才能覺他，自利然後利他。

「自我」可分為七個層次：「身體」、「心」、「世界」、「宇宙」、「眾生與業力」、「願力」、「解脫」。

「身體」根據《圓覺經》的說法：「妄認四大，為自身相。」身體是由四大元素：地、水、火、風和合而成。也是表現自我及感受自我的重要部分。

「心」根據《圓覺經》說：「六塵緣影，為自心相。」心理活動是知道有身體，並感受身體的存在。心理的現象是由於與六種物質現象「色、聲、香、味、觸、法」之間的相對而起的執著、分別等作用。

「世界」便是「身體和心」相加而成的「自我」所存在的環境。我們同樣生存在地球上，卻有不同的身心感受。舉個例子：一家人，生活在同一屋簷下，共同在一個空間中活動，可是各人的思想及生活習慣，卻又有很多的不同。因此，佛教便有其涵容性的疏導，就是承認所有的眾生，有著種種根性、種種差別因緣，而生活在各自的世界裡。雖然是各不相同，卻又是息息相關。

「宇宙」世界的存在及其活動範圍，稱為「空間」，歷史上的生命過程及其價值的延伸，稱為「時間」。時間與空間相加，才能感受自我的存在。故知我們的生命與宇宙是一體的，不能分開。誰也不能離開宇宙的時間與空間。

以空間來說，任何人的行為均直接、間接影響了其他的人，就連呼吸也彼此相通。至於時間，我們今天所有的一切，都是承受古代人類文明的遺產而加以不斷改良，然後，延續下去，代代相傳。

因此，我們今天的行為，也對以後的宇宙，有其一定的影響。所以，做為一個自我，不能不顧慮到在這時空內的重要性。若曉得自私，便更應該知道：不能忘掉我們個別的自己跟整個環境的關係，所以最好的自私方式，就是去關懷他人。

「眾生與業力」，是把以上的四個層次，從一般人理解的物質世界提昇至佛教的信仰層面。「業力」就是由過去世和現在世所做的一切身體、語言、心理行為相加的結果。業力貫通著過去、現在及未來。因而便有時間上的自我存在。在時間的長河裡，眾生不斷地造業，也不斷地受報。造了惡業，便在生死中受苦難，做了善業，便享福受樂。在每一個生命的過程中，隨著業力而流轉、交替。

佛教的目的，是讓我們超越自我的業力的困擾，獲得解脫。然而，個別的自我和全體的「眾生」，都是息息相關，沒有辦法分開。因此若希望解脫自我，必先發願解脫別人；希望自我不受業報，必先發願救度眾生。

既已了解業力，為了不要受報，便當「發願」，多做好事、善事，處處給人方便，對人有益；關懷別人，奉獻自己。憑著願力代替業力，便可解脫生死之苦，實證涅槃之樂。可是，凡夫發願，心不堅固，碰到障礙，便易起退心。其實，發願以後，只管盡心盡力，目標不改，當做錯或做不到的時候，不要氣餒，應繼續發願，繼續再做。若能這樣，做好事的機會便愈來愈多，做壞事的機會便相對地減少。不要害怕發願，不要害怕能力不夠而不發願。好像嬰兒走路，都是從跌跌撞撞的經驗中成長的。縱然未必能一帆風順，起碼已經找到方向；那也就是「回頭是岸」。唯有如此，才不會因為害怕發願、因為害怕犯戒，而繼續作惡造業了。

更進一步，佛法教我們學習佛陀的精神，憑著願力，讓我們在眾生世界裡，時刻奉獻自己，成就他人。不管自己所得的利益多少，只在乎眾生是否受益。於整個利他的過程中得到圓滿的同時，你自己亦達到解脫的境界。這也就是從凡夫進入賢位及聖位的菩薩層次，乃至成佛的層次。這時候，「自我」也就不再存在。

何謂「解脫」？即是佛法講的空、無相、無願的三解脫門，就是沒有自我立場的價值判斷，沒有自我中心及自我期待，沒有蓄意要放下自我而承擔他人的責任。從執著、煩惱中解脫，而非否定自我價值，智慧的功能及慈悲的運作，仍然真實存在。唯有徹底地奉獻自己，放下自我中心，才得真正的解脫。

如何「關懷他人」？便是法鼓山的共識：「提倡全面教育，落實整體關懷。」全面教育：應從生兒育女的胎教開始，直到老、病、死亡，乃至往生佛土，都當以佛法來做指導。

整體關懷：則引伸到凡是跟我們相關和接觸的人，讓他們都受到關懷，得到佛法的好處。

然而，必須先了解自己以後，才能知道在不同的地方，對不同的人及不同的情況，有不同的需要，而恰到好處地給予各種的關懷和照顧。

（一九九三年五月九日講於紐約東初禪寺，李果嵩居士整理）

談生涯規畫——立足點與方向感

前言

我對我們中華佛學研究所的學生，有三點勉勵：道心第一，健康第二，學問第三。人格修養的道心如果不先建立，身體再壯，學問再好，也只能自害害人。其次，如果沒有健康的身心，學問再好，也不能擔負重責大任。有了道心及健康而沒有學問，至少尚能自求多福，不至於為社會帶來災難及負擔。如果能夠具備了道心、健康、學問的三個條件，就可以成為一個「達則兼善天下，窮則獨善其身」的大丈夫了。所以我認為人才的培養，首重人格修養的道德教育。

「大學」階段的青年，是人之一生的黃金期，所以也是偉大人格的塑造期。能夠進入大學的青年，即意味著你是一位優秀的可造之材，對這一生的前途，必須做好通盤的規畫。

以下就請讓我用七個項目，向諸位優秀的軍官請教，向諸位前程似錦的同學討教。

一、夢想者與成功者

(一) 不切實際皆是夢想

凡是人，不論是在夜間和白天，都會做夢。許多人，從小就開始夢想，希望自己將來能成為一個某種榜樣的人物。

我曾問一個五歲的小男孩：「你長大後想做什麼？」小孩說：「想做衛兵。」他覺得站在軍事機關門口的衛兵，威風凜凜，很有權威，所以羨慕。當那小男孩升上初中後，我再度問他：「長大後想做什麼？」他改口說：「想做老師。」原因是他的老師在課堂上不僅有權威，也很有學問。當他進了高中，他的願望卻是想當一位將軍，因為將軍不但有學問，也擁有權威，對國家更是有大貢獻，還能青史留名。然而兩年前他在大學畢業後，竟然不曉得該做什麼了，考進的大學不是第一志願，出了大學，不知志願為何。顯然他念大學，僅圖一紙文憑，但求畢業，反而忽略了將來該做什麼而需做一通盤計畫。

夢想與現實，有很大的差別，人雖應該有夢想，但僅憑夢想，是不能成功的。

(二) 因緣際會便能成功

「因」是主觀的條件，「緣」是客觀的條件，有了正確的因，又有足夠的緣，就會成功。每人皆可依各自的努力，來培養主觀的條件，但仍需要有客觀形勢的助「緣」來配合，才能成功。個人的才能和努力是絕對需要的，但不是只憑個人的才能和努力就夠的，例如：紅花需要綠葉來映襯一樣，相輔相成，缺一不可。又如：有些人才能很高，人品也不錯，但是命運多舛，眼見陞遷的機運來臨，偏偏又碰上個「程咬金」，或出現了意外的情況，陰錯陽差，那個機運，便讓他人捷足先登。也許那個人的才幹和人品，遠不如己，也是無可奈何，於是憤恨、不平、牢騷滿腹，埋怨「老天無眼」。而新上任的長官，明知你心有不服，卻又對你說：「對不起，我沒有想要搶你的位子，而是奉命；我的才能也許不如你，只是我的命運比你好，所以委屈你了。」諸位同學，如果是你遇上了這種情況，應該要如何自處呢？

誠如剛才張上校乃東主任介紹我時說：聖嚴法師曾經得到過某些榮譽獎。就我個人而言，獲得那些獎，並不表示其他的人都不如我，只是因為我的運氣比較其他的人好些罷了。一般人所謂的好命，大概是指老天的安排。就佛教的觀點而言：一切都是主觀的條件，並不另有客觀的條件，這是通過過去世，乃至通過過去無量世，來看現實生命中的客觀條件，都是來自過去生中所造的善業和惡業，所培植出來的。過去生中跟很多的人廣結善緣，現生就有貴人支助，再加上這一生的努力，便得好運的結果；過去生中跟很多的人結仇結怨，此一生中便會遇到逆境折磨。換句話說，命運好壞，不只出於神助天罰，主要是仰賴自身的努力之外，尚需助緣的配合，因緣際會，方有能成功的可能。因緣不能配合，表示時機尚未成熟，不要失望，應當繼續努力。

(三) 腳踏實地步步成功

今晨我剛踏入成功嶺時，適巧看到諸位同學精神抖擻地列隊步行進入講堂。如果不是一步一步向前邁進，又如何能夠進入講堂呢？可見，每踏出一小步，就是踏上成功之路的一個過程。

我們都知道有句諺語：「只問耕耘，不問收穫。」可是，有時辛勤地耕耘，其結果未必會有好的收成，例如颱風、乾旱、蟲災、戰亂等。收穫卻是要從耕耘而來，縱然是沒有收穫的耕耘，也是一種經驗的獲得，乃是另一種的成功；反之，若不耕耘，何來收穫？因此，老在做夢而不及時耕耘的人，總是在原地踏步，徒有幻想、期求、企盼、等待，卻不會得到收割成功的果實。除非付諸行動，從遠處著眼，近處著手，步步踏實，勇往邁進，才能走向成功之路。

(四) 經驗歷練都是成功

什麼是經驗呢？諸位同學在成功嶺受訓也就是一種經驗。而人生在世，何時何處不是在接受訓練呢？除非是在迷失了自己的情況下，否則時時處處都在受訓，按照既定的計畫向前走，是求取經驗地接受訓練，例如：在父母及長輩的照顧中按部就班地接受教育的學習，也要付出意志力和向上心的磨鍊。至於逆境中的挫折、打擊、困擾等種種不如意的遭遇，只要歷事用心，便可獲得寶貴的經驗。

其實在人的一生之中，本來就是「不如意事十常八九」。如果用消極悲觀來看人生，則人生不但悲慘且處處充滿荊棘、陷阱，放眼看去，人人都是惡人，事事都是壞事；假使真是如此，你就失去信心，也提不起勇氣往前走了。若以積極樂觀的態度來面對人生，則不如意事既然是十常八九，那麼，在任何一個過程的立足點上，時時都該準備著，在跨出去的下一步，可能會有不如意的事即將發生；有了這樣的心理準備，遇事順利當然好，若不順利，正好已如意料中事，所以，不如意事，也就變成如意的事了。如此一來，若是成功，乃是所期待的，萬一失敗，也是早已做好心理準備，你豈不是事事如意，時時如意的人嗎？

二、立足點與方向感

每一個人，在你的生命過程中，必須先要清楚自己的立足點，然後再加上認清方向，才能走出一條正確而安全的路來。一個人若沒有立足點，便沒有著力處，那就像是沒有錨的船；若缺乏方向感，便會走入歧途，那像是船在大洋中，卻沒有指北針，豈不是極其危險的事。當然，為了向前走，立足點是必須活動的；為了邁向最終的目標，階段性的方向轉換，也是可以的。例如：今天各位同學在成功嶺受訓階段，都穿著軍服，未必將來都當軍人，現階段的穿著軍裝，僅代表此一生命過程中的一種歷練，讓你們成長、成熟，也使未來的方向更明確。

又如：有一位先生醫學院畢業後，曾是已經執業的良醫，結果他卻放棄原有的職業出家去了；但他認為自己最終的方向並未改變，因為當初立志行醫其目的是為了救人，如今捨醫出家做和尚，也是為了救人。

（二）不要站錯了立場

每一個人在其一生之中，都各有種種不同的歷練階段，也各有其不同的立場和身分。例如：今天各位都是在成功嶺受訓的武學生，回到家中是父母的孩子，回到各自的大專院校又將恢復文學生的身分。我們在一生之中，甚至在同一個時段，都具備好幾個身分，就代表著好幾個立場，也當負起各個立場的責任。記得有一位梁寒操先生曾為大陸的某寺院，寫過這樣的一副對聯：「在什麼地位說什麼話，當一天和尚撞一天鐘。」這就說明，人人各有其種種本身的立場和應盡的責任。今天的社會之所以亂，就是因為有許多人站錯了立場，也有許多人失去了立足點，老是盲目地追求，所以自害害人。

（二）不要迷失了方向

方向就是終生的目標和階段性的目標，現今的政府機關及民間團體，乃至個人，都有近程、中程、遠程的事業計畫、工作計畫，而這些計畫就是步驟和方向。階段性的方向，可以因應時地情況的需要而加以調整和改變，終極的方向，是千萬不能變的，否則，不是在原地兜圈，便會誤入歧途！例如：前面所舉的醫生改變他的身分做了和尚；孫中山先生本是醫生，後來成為大政治家，但他們都沒有改變大原則和大方向。如果為了賺錢更多，便放棄原有的正當職業，而去經營謀財害命、走私販毒等行業，固然錯誤；就是改變方向，走自己的條件所不配的道路，也是錯的。

至於諸位同學將來的方向是什麼？一個是對家庭、對社會，一個是對國家、對民族，還有一個是對整體的世界，其中究竟對何者有深重的責任感？有的人只希望自己能功成名就，光宗耀祖。就佛教徒而言，凡是對眾生有益之事，不管自己站在什麼位置上都會全力以赴。各位同學，不妨首先考慮自己具備了那些先天的條件和後天的資源，再考慮如何標定自己的方向。

沒有人生方向，要選定人生方向，如果不知選擇方向，便等於迷失了方向，失落了自己；失落了自己的人，就不知道自己的立場在何處，所以，立足點與方向感是相輔相成的。

（三）大處著眼，小處著手

人生好比開車，要往遠處看，要朝大處想，駕車的人若僅盯著車頭前的近處看，車子不但開不快，而且還會危險重重。我們若短視近利，而無遠大的方向，則一生難有大成就了；相反地，如果不從小處著手，近處起步，也會丟了立足點，還能做出什麼事來？所以，需將方向看遠看大，需將手腳把握，站穩小處、近處，如此才能成大事、立大業、建大功。

數月前我主持一次禪七，有位居士忍受不了身體上的痛苦而想回家，我教他暫時放下身體疼痛的方法：第一，向內看，也就是向內看自己的心，是無限地深遠；第二，向外看，看自身以外的世界是無限地廣大。能做如是觀想，則對眼前的災難和折磨，就不會太在乎了。這也就是說，往最遠處看，是廣大無限的世界，往最近處看，也有廣大無限的世界；朝大處看，當然是大，朝小處看，結果也是大的。

現在請各位同學練習一下看，請將眼睛閉起來，我們練習向內看的方法，首先看自己的念頭，所謂念頭是指自己的思緒；進一步看看念頭是在什麼上面，是人？是物？是事？還是觀念？看看現在的這個念頭是什麼？再進一步知道念頭的本身是短暫的還是永久的？離開念頭以外，內心究竟還有什麼？也就是說除了一念又一念的念頭生起又消失以外，再深入一層探討念頭究竟是什麼？於是了解到念頭的本身是沒有什麼東西，再進一層很細膩地看沒有念頭的心是多麼地寧靜而深遠，廣大而無限。

其次，我們再來練習向外看是無限地廣大。還是將雙眼閉起來，一層一層地往外觀想。先看自己坐的位置，然後看在你坐位的前後左右是否有很多的同學和長官，再看講堂在成功嶺，成功嶺在臺中，臺中在臺灣，臺灣在中國，中國在亞洲，亞洲在地球上，再從地球離開，想像自己已離開地球，進入太空，再回頭看看這小小的地球，然後再看四周有無量的星球，是無限的銀河系，再往外推想有無限的時間和空間。

諸位同學，雖然沒有辦法一下就觀想成功，可是當你在產生困擾，受到環境衝擊，乃至過不了難關的時候，只要向內心看，就能安卜身心，向心外的宇宙看，就能包容萬物，並與宇宙合而為一，縱然是難以體會，但只要有此種想法，我們的心胸就能有包容的雅量。因此，要有寬廣的心量和遠見，一定要從遠處大處著眼，要從近處小處著手，否則的話，不是揮灑不開，便是不切實際，都不是成功的因素。

三、學問生涯的規畫

（一）活到老、學到老、學不了

學問是需要的，但要問，學問是作何用？常言：「人是活到老，學到老。」莊子說：「吾生也有涯，而知也無涯。」我們的生命過程是相當地短，而學問知識又是那麼地多，例如：科學的研究範圍，僅僅是在地球上就已研究不完；就僅研究人的問題，倫理學家、心理學家、生理學家、病理學家等，分門別類，直到永遠，也沒有研究完了的日子。所以人生的過程，便是在學習之中成長，也當在學習之中走完生命的最末一站。

（二）學習謀生的知能

人生在世，必須要有謀生的知識和謀生的技能，否則，不僅不能為社會造福，還會給他人帶來負累。可是所謂三百六十行，行行都可謀生，所以就不得不問自己到底要學什麼？又想研究什麼？為了學以致用，又要知道用在哪裡？有人上學進某學校的某科系，是出於自主的選擇，有人沒有選擇的機會，怎麼辦？有人讀書是有計畫的，有人則不但不是計畫地讀書，而讀得非常雜亂，相當膚淺。雖然古人有說：「開卷有益。」青年人則必須要實用與理想兼顧，要不然便是學非所用了。

記得我在日本留學的時候，見有兩位同學的例子，其中一位老是為生活擔憂，於是成天在外奔波，打工賺錢，結果是一事無成。另一位留學生雖然生活也是毫無著落，卻從不考慮錢的問題，每每想到將來回臺灣要做什麼？以當時的所學，回國後能奉獻什麼？對中國會產生什麼影響？乃至對世界人類有何貢獻？往往為了抱負而充分利用留學的時間和機緣，努力讀書，吸收知識充實自己。正因為他有明確的方向和目標，於是在短短六年之內，完成了碩士及博士學位。在他讀書期間，就認識很多國內外的有識之士，大家都十分地器重他，並提供獎學金資助他的生活，所以，當他完成學業離開日本時，所蒐集的資料就有一卡車。

其實，我在東京念書的時候，有一位老師送我兩句意義深遠的話：「道心之中有衣食，衣食之中無道心。」此所謂道心，便是救人、救世、救眾生的心。「道心之中有衣食」，就是說，在大志向的努力之中，一定包含著生活的保障；「衣食之中無道心」，是說若只為了個人的生活而奔走，那就沒有大志願、大方向可言了。如此可知，學習謀生的知能固然重要，但如果僅為餬口謀生而學習，就太可惜了。

(三) 學習經國經世的大學問

現代的年輕人，多抱著功利主義，而且是非常自私近視的現實功利，在考學校讀書之前，便已考慮到將來要如何養家活口，最好很快地就能擁有私人的洋房、汽車和美眷，然後才決定學習什麼。這也可說是西方社會的物質文明，所造成的形勢。我們臺灣在最近十多年來的經濟起飛，能成為亞洲經濟體的四小龍之一，也就是拜這種現實的功利主義所賜，而社會不安、人心浮動、人的品質粗糙，亦是拜這種現實的功利主義所賜。由此可見，現實雖然重要，經國經世的學問，也不能不學。也就是說，除了必須具有謀生的知能外，進一步也要有經國經世的學問，才能自安安人，救國救民救世界。

（四）學習無愧於天地的做人之道

做人而知愧對於天，愧對於地，當然也就知道愧對於自己的良心，那已經是好人。若能無愧於天地良心，便是聖賢了。聖賢豪傑，雖說是天生，但是也需要後天的教育環境和主動的努力學習；我們雖不是聖賢，也當學習無愧於天地良心的人格修養。

這裡的「天地良心」，是指自然的法則和道德的規律。「自然法則」是萬物之間的盈虛消長，有其一定的平衡原則；現代的人類，常用人為的方式，來改變自然環境，增進人類的生活品質，以為人定勝天，其結果卻是為人類帶來了層出不窮的災難。我剛到臺灣的時候，在臺中住過，那時的河流，都是清澈見底，魚蝦處處。可是，曾幾何時，由於農業用藥及商業住宅等的汙染；那些河流，已變成了下水道和汙水溝，這種人為的開發，就造成了自然的破壞，而違背了自然法則的人們，就要受到了「天罰」。「道德規律」，是指的人有人的天責和本分，人在人間的生活言行，必須自愛愛人，自助助人，不得由於滿足一己的私欲和貪圖一時的便利，而損害到他人，乃至貽禍後代的子孫。如果我們能無愧於天地良心，就不致於做出違反自然法則及違背道德規律的事了。

做學問求知識，若不能顧到天地良心的原則，也就等於背離了人之所以為人的立場。

四、感情生涯的規畫

有人說：出家人離開家庭，離開父母親友，所以不需有感情。又說：出家人不結婚也沒有兒女，所以不懂什麼是感情。其實，這種說法，都似是而非；應該要說，出家人的感情是最豐富的，也是最崇高的，因為清淨無染的感情，便是平等關愛的慈悲。

我把感情分成四個層次：

（一）情緒

也就是起伏波動的感情，因為不安不穩，便會自傷傷人。一個常常鬧情緒的人，其身心都會有病，不但自己倒楣，連帶著也會影響到周遭跟他一起生活的人。做為一個正常的人，這是必須調整的。

（二）情感

情感也有很多種類，例如夫妻之間的愛情、父母子女之間的親情、朋友之間的友情等。人而沒有感情，很難與人相處，就像機器沒有潤滑油，很容易被磨損。因此，人與人之間，一定要有感情做為相互間的調劑、協助與勉勵。俗話說「在家靠父母」，是由於親子間的親情；「出外靠朋友」，是珍惜真誠的友情。

另外，若要有快樂的家庭生活，必得依靠夫婦間的愛情來維繫。可是，愛情雖然甜蜜可愛，如果處理不當，卻會惹上很大的麻煩。那就是千萬不要陷入三角戀愛的問題中去，也要有勇氣拒絕接受異性乃至同性情欲的誘惑，才不致發生失足千古的憾事。否則如果感情氾濫，處處留情，便會危害自己的家庭、損傷個人的身心、破壞社會的和諧。

(三) 情操

詩人有詩人的情操、軍人有軍人的情操、藝術家有藝術家的情操、政治家有政治家的情操，乃至宗教家也有宗教家的情操。其實情操是帶有感情的，但並不執著於個人的私利。軍人的情操是為了捍衛國家、保護民族，救亡圖存，而在戰場，可以奮不顧身，為國捐軀，馬革裹屍。這種情操是非常聖潔和純淨的。政治家的情操，是人溺己溺，人饑己饑，洞悉民隱，體念民瘼，以國家民族的興亡強弱為己任，不以個人的權位名利做考量。

所謂情操，是基於內在的道德修養，是發自內在的心甘情願，不受外界的人情包圍，也不受威脅利誘所左右。情操是自發的人格修養和道德修養，是不受他人影響的。例如：在一個家裡，父母的年紀大了，如果只有一個兒子，那父母的日子可能過得很好；如果有二個兒子，父母就要搬來搬去，日子過得會稍微辛苦一點；如果有三個、四個兒子，每次搬家要搬到那裡，可能就有些混亂了。

我就認識有這麼一位老先生，他告訴我：「過去我還有一個家，如今沒家了。」我問：「你兒子們的家，難道不就是你的家嗎？」他說：「不是，那是兒子們的家。」我問：「那你有沒有一個房間呢？」他答：「有的兒子比較富裕，就讓我有自己的房間；有的比較窮，晚上就只好睡在他們客廳的沙發上了。」我問：「那你的兒孫們晚上要看電視，你怎麼辦呢？」他搖搖頭說：「只好在旁等待囉！」我又問：「那你為什麼不乾脆就住在一個富裕兒子的家呢？」他說：「那樣不公平的。」請問諸位同學：你們家裡有幾個兄弟姊妹的人，將來是否也會用這種方式來對待父母呢？這不但沒有人格修養的情操，連親子間的感情也被扼殺了！我希望同學們聽了這場演講之後，絕對不會有這樣的情況發生。

（四）慈悲

慈悲是不求回饋的施予，是沒有占有欲的關懷，也是怨親平等的救濟，所以是無染無私的感情。

五、經濟生涯的規畫

諸位同學，可能已經有人感受到經濟的壓力。不管是有錢沒錢，沒有經濟資源，就沒有辦法生存；這也就是說我們要有生活的本錢，才能生存下去。有精神的本錢，有知能的本錢，有物質的本錢，都是經濟的資源。像顏回那樣，「一簞食，一瓢飲，在陋巷，人不堪其憂，回也不改其樂。」人家覺得他很可憐，可是他卻樂在其中。在我們的中華佛學研究所，也有一位遠從捷克來的學生，本來我們是提供他全額免費，因其中文基礎不好，無法聽課，故勸他先到師範大學語文班進修。捷克是歐洲很窮的一個國家，剛從共產主義的制度下解體不久，他在臺灣又舉目無親，故在他離開我們研究所一年之後，見面時我問他：「如何生活的？」他說：「有時有人給一點錢，有飯就吃，有地方就住。」為了求學，他並不覺得生活得有多苦。他沒有物質的經濟資源，卻有精神的本錢，做為他生存的條件。所以，人如能富貴則富貴，如不能富貴則要耐得起貧窮。富貴當然表示幸運及有福，貧窮也不就是罪惡及恥辱，最大的罪惡和恥辱是沒有以良心、道德、品行做為依準的經濟生涯。

當我們在規畫經濟生涯之時，一定要確立一個原則：要量入為出，開源節流；要厚以待人，儉以律己；要克勤克儉，積蓄財富；要將自己擁有的經濟資源，用在國家社會，乃至全體人類的福利事業，這才是真正懂得運用財富的富貴中人。

諸位同學都是國家未來的棟樑，將來對經濟生涯的規畫，一定要好好處理。

一定要建立惜福、培福、種福的觀念；首先要珍惜現在所擁有的一切，包括自己的生活環境和生活條件，再以自己的技能、知識、體能、智慧、人品，為社會謀福利，這就是惜福培福。種福的意思是對現在尚沒有做的好事，要加強努力。同時我要建議諸位另一個觀念的認同：「坐著享福的人，那是無福之人；培福、種福的人，才是有福之人。」

以下用兩句話來勉勵諸位同學：「以利人為利己，以助人來自助。」凡是有人需要我們幫助，而自己也正有此能力，便要盡力而為。例如：中山先生從未只想到為他自己，在他的觀念中，只想到如何挽救中華民族免受亡國滅種之禍。又如：釋迦牟尼佛的出家、修道、成佛，其出發點也並非只為自己，而是他看到人類有生、老、病、死之苦無法解決，種種的煩惱不得解除，於是他發願修行，成道之後便將解決苦難和煩惱的理念和方法告訴大眾，其目的是想幫助他人，結果也幫助了他自己。所以，以助人為自助，是最可靠的方法。

六、精神生涯的規畫

精神的修養，有文學的、藝術的、體育的、哲學的、宗教的，以及培養參與公益活動等的興趣。所謂公益的活動，乃是為社會公益團體的活動而做不支薪的義務工作。這也是除了物質之外的一種精神上的寄託；也許這種公益活動，對各位同學來說是太早了，或許也有些同學已經參與了。其中宗教的信仰，乃是精神生涯極重要的一環。

自從有了人類，就開始了宗教的需求；人從出生開始，就不曾離開過宗教的行為。

因為人類對許多身心世界的種種現象無法了解，常為人生帶來很多的困惑和煩惱，直到現在，尚不能從哲學的思辨和科學的分析，獲得徹底的答案。然而一般的知識分子，又忌諱談宗教，導致現代人，遇到不能解決的困難時，只好盲目地去求助於算命、卜卦、看相、摸骨，乃至求神許願、禳災開運，其實這些也是宗教信仰的流類，所以也能獲得某種程度的精神寄託。

若能透過高級宗教的信仰，不只是可以解決這些問題，也可使你知道此生的生命是與無限的未來，結合在一起的，故不要把此生的生命現象，做為單一片段的時間來看待；就生命之流而言，此生僅是一個非常短暫的片段而已，過去已曾有過無數的生命片段，未來尚有許多生命過程的遠景往前展現。

若能透過宗教的信仰，也能體會到個人的生命和全體宇宙是不能分割的。縱然不求安全，安全已在其中。如能更進一步，以超越了時空的體驗來看人生，那就是解脫自在的境界了。

因此，我希望建議，如果能讓小孩自幼就知道有祖先之外，尚有神、天、菩薩、佛，那麼，他們從小就可獲得心靈上的安慰和精神上的啟發。對諸位同學而言，宗教信仰與精神生涯也是應該考慮的一種規畫。

七、人生處處有桃源

(一) 天天都是新希望的展現

我們的每一步腳印，都是成功的過程。

(二) 時時都是新境界的開始

我們的每一口呼吸，都是無限的財富。

在童年時，父親帶我在鄉間一處河邊散步，看到一群鴨子
由於我們走近，便都游過對岸。父親對我說：「孩子，你看到嗎，
這一群鴨子都游出一條屬於自己的路」又說「你看河裏，大鴨游出
大路、小鴨游出小路，每隻鴨子都有自己的路，而且小鴨子也能夠像
大鴨子一樣，從河的此岸游到河的彼岸。」
這段故事，對我的啟發很大，從此，我不論是大路或是小路，只要是依靠
自己的力量所走出來的路，就是成功的好路。
此文摘取 聖嚴師父「生涯規劃——立足點與方向感」片段
劉建志 謹識 作畫

（三）常常遇到山窮水盡，處處都有柳暗花明

不要跟他人比高比低，只要無愧於心地盡心盡力。

（四）人人都是成功的人

做事成功、治學成功、做人成功，能夠保有健康平衡的身心，也是成功。成功有大小之分，每個人都有各自成功的因緣條件。所以，不需跟人比。在我童年時代，有天我和父親路過鄉間的一處河邊，恰巧看到一群鴨子，由於我們走近，便都游過河流，上了對岸。

父親問我：「孩子！你看到嗎？這一群鴨子都游過了河，而且每一隻鴨子都游出一條屬於自己的路。」我答：「我看到了！」父親又說：「大鴨游出大路，小鴨游出小路。每隻鴨子都有自己的路，而且小鴨子也能夠像大鴨子一樣，從河的此岸，游到了河的彼岸。」這段話，對我的啟發很大，從此，我就不論是大路或小路，只要是依靠自己的力量所走出來的路，就是成功的好路。我也以這段小故事，奉獻給諸位同學，量力而為，給各自的生涯，做最明智的規畫。

謝謝大家，祝福大家平安健康，萬事如意。

（一九九四年九月二十一日講於成功嶺大專院校新生暑訓營）

淨化人生的責任、權利、義務

諸位女士、諸位先生，大家好！

我把今晚的講題「人生的責任、權利、義務」加上兩個字，成為「淨化人生的責任、權利、義務」。

一般人都希望把責任和義務推給別人，權利則歸於自己。尤其當今社會，不論東方或西方，大家都從各個角度求取更多的權利。不過，權利從何而來？如果只想爭取權利而不先盡義務及責任，這個權利是空的，是不道德的；即使爭取到了，那也是倒果為因，苦在後頭。

一、主題的意義

（一）「人生」是什麼

就是從父母得到生命之後的生活與生存。所以生活與生存，便是人生的基本權利。但是既生而為人，就有一份做人的責任和義務。因此能有盡責任、盡義務的權利，乃是人性的光輝。若把責任和義務當作是每一個人做人的權利，則追求權利就不是壞事了，關鍵在於所追求的權利是否適當，是否恰到好處而定。每個人在世界上都有基本的人權，但人之所以為人，也有一定的責任和義務；不是有權利就沒有責任。這一點我們必須要了解。

（二）「淨化」的意思又是什麼呢

「淨」是清淨，是非染汙、不犯罪的意思。如果一個人的生命過程充滿了染汙、犯罪的行為及觀念，就是不清淨。這個世界上的每一個人都是凡夫，每個人都會說：「人非聖賢，孰能無過。」每個人在發現自己未盡責任的時候，都會用這句話來搪塞。又為自己找藉口：「我也是個普通人嘛！怎麼會沒有過失呢？」

其實，許多過失是可以防禦的，可以減少到最低限度的。

簡單地說，人的生命現象就是人生，這個現象又可分為人的生存現象，人的生活現象和人的身心現象。在人的生命過程裡，有生理的成長過程，也有心理的心路歷程。有人少年老成，小小年紀就懂得滿多；有人活到六十歲還不懂事，稱之為老天真。最近我看到一個年約十二歲的小孩子，懂的事情很多，心理和觀念的成長已經像成年人。他不跟小孩一起玩，我問他：「你是小孩，怎麼跟大人在一起？」他說：「跟那些小孩子在一起很無聊。」這表示這個小孩的生理年齡雖然只有十二、三歲，他心理年齡卻是成年人了。另外，我也看過年近六十的人，他的言談、動作都像小孩，我問他：「你的年齡跟我差不多，怎麼會這樣？」他答得很有道理：「我沒有結婚，從來沒有孩子，我就像沒長大一樣。」

曾有一位醫生告訴我說，他有一個小姨子，從小嬌生慣養什麼家事也不會做。當她要結婚的時候，大家都替她擔心，到婆家之後連飯都不會煮，連針都不會拿，怎麼過日子啊？嘿！真奇怪，她結婚一年多之後，就什麼都會做了。醫生遂下個結論——人應該結婚，不結婚永遠不會成人。由此可見，人的成長，是要靠生活歷練的。很多人天真地認為懂得很多知識，就是成長，事實上，不經過實際生活的經驗，是不容易成長的。

(三) 什麼是人生的「價值」

生命的過程和生命的展現就是人生的價值；前者是時間的長流，後者是空間的舞台，我們究竟留下了什麼？價值有正面的，也有負面的。今天在我們中華文化復興總會主辦，由中華佛學研究所承辦的「佛教與中國文化」的國際會議中，主席黃石城先生講了一句話：「佛教在中國有很多的貢獻，但在歷史上，佛教也有負面的影響。」有位記者於散會後跟我反應，認為主席那句話有待商榷。我說：「你不必為佛教打抱不平，我都承認。說佛教完完全全對中國文化沒有負面影響，可能嗎？」同樣地，人在一生之中，究竟是正面的價值多？還是負面的價值多？究竟對社會、對人類，是奉獻得多呢？還是享受得多？人在空間的活動之中也會產生正負兩面的價值。有的人只能在家庭中產生一些影響，有些人則能夠在一個社區或是整個社會產生影響，有的人可以影響一個民族、一個國家，有的人甚至可以影響全世界。每一個人在生存的過程之中，有的專門放光，讓人家來沾光，有的人是專門吸光、沾光的。放光的人是不是吃了虧？沾光的人是不是占了便宜？諸位想一想，究竟是哪一種人占了便宜？許多人認為沾光的人占了便宜，而放光的人是吃了虧；若從正面的價值觀察，施予者遠過於受惠者。

（四）什麼是人生的「意義」

人生的意義有兩點：一是負責任，二是盡責任。三天前，有一位在政府擔任過高職務的大人物，到農禪寺聽我講經。聽完經之後，他好像頗有領會，因此跟我談了很多話。言談之間他表示，退休之後沒有事做了，他這一生的輝煌時代已經過去了，奉獻的時間已經結束了，身體也不很好。他告訴我：「法師，我覺得人生在世的確如佛所說的，像一場夢，是空的。我身體又不好，真想早一點死，因為再活下去，已沒有意義了。」

請問諸位：贊不贊成他的想法？這是不是佛教的看法？

我當時告訴他：「唉！你這是愚蠢哪！你尚不懂佛法，所以又未懂得生命的意義和價值。人的出生，有兩項目的，即負責任和盡責任。負責任是對自己這一生的行為要負責任，乃至也要對無量過去生的行為負責任。也就是說，要面對應該接受的果報，要償還應該償還的債務。否則便是不負責任。」

他問：「我已經這麼老了，還要負什麼責任？」

我說：「你身體的老、病、寂寞，就是受報，你不但沒有權利自殺，而且有責任要好好地維持生命，並運用生命到最後一刻；一面受苦報，一面多念佛。你不要等死，也不要怕死；如果怕死、求死，是不負責任，等死則是不盡責任。一定要面對現實的人生，它怎麼來，我們就怎麼接受，在未死之前，正好可以用宗教信仰改善現在，準備未來。到人生的最後，儘管只剩下幾天、幾分鐘，也要好好地看待它、享用它。不要為自己造成遺憾，不要使別人覺得遺憾。否則你就是不負責任，也是不盡責任。」

他聽了之後很高興地說：「那我要活下去了。」

我問他：「準備活多久？」

他說：「多活一天好一天。」

我說：「對了！我們不能說，非得要活多久，也沒有權利說，不想活得太久。」

（五）什麼是人生的「責任」

責任是本分事，你是什麼身分的人，就應該做什麼身分的事；你是站的什麼立場、擁有什麼地位，就得盡你該盡的責任。

很多人說：「我是沒有地位的小人物、普通人，所以人微言輕。」這可能是事實，但不一定是事實。特別處身於今日這個民主的社會，每個人都是平等的，都享有基本的人權；正如佛說，一切眾生，悉有佛性。相對地，基本權利是從基本責任產生。

既然我們有生存及生活的權利，就應該有生活的責任。在道德、倫理的規範上，由於某種行為的結果，我們應該面對這個結果所帶來的反應。比如：我們做錯了事，被人家批評、指責，也可能被法律制裁，就應該負起這個責任。法律上有個名詞是「對債務履行之擔保」，意思是債權人有權利聲請法院對債務人強制執行，迫使債務人履行其債務的責任。

以上是從道德、倫理、法律的觀點來看責任。一般人所知道的責任多半是法律上的，至於道德上、倫理上以及本分上的責任，大概很少人想到。

（六）什麼是人生的「權利」

「權利」是權益和財利。比如：許多人用爭權奪利的方法，使自己成為權貴，獲取勢利。因為有權就有勢，有勢就有利。

很多人只看到權利的好處，所以一味想追求；甚至在表面上說，只要為大眾付出，是要給社會服務，是要向國家奉獻，而他們的目的卻是為了爭權奪利。

人人在法律上都有可享的權利，例如：公民有投票權，有要求被保護的權利，有居住的權利，以及現在很多人在強調人民有知道政府的權利，也有個人隱私的權利。

「義務」，是指為社會大眾奉獻出自己的心力、體力、時間、錢財等而不接受報酬，比如：義務工作者稱為義工，義務興學的稱為義校。

在法律上，義務的意思，與權利是相對的概念，例如：要享公民的權利，就要履行公民的義務。

二、人生目的探討

(一)人生是為負責盡責而生存

對於現在所面臨的遭遇，好的，有權利不接受，壞的，無權利不接受。這是對於過去行為的負責任；若想逃避現實的苦難，便是不負責任。從佛法的觀點，這是「因果律」。因果是大家都能認同，但也有一些地方是讓人無法接受的，比如：大家都能認同「種瓜得瓜，種豆得豆」的因果觀念，但是種瓜不一定得瓜，種豆不一定得豆，這卻使人頗為不平。此外，在人的一生之中，可以經驗到，有些人未種瓜卻得到了瓜，未種豆卻得到了豆，這也使人不服氣。

如果以佛法的觀點來看，人有過去世，還有過去世的過去世，有無量的過去世，就能夠解釋如上的因果現象了。有人問我：「法師，過去世是什麼，你能不能讓我看一看？我如果看到了就相信，不能給我看看，我就無法相信。」

我只能講，如果讓你看到了，你會覺得這是魔術或催眠術，你也不會相信的。相信的人不必看到也會相信，從道理上推論就會理解。因此，如能接受了三世因果的信念，便不會覺得厚此薄彼的不公平。

對於現在的遭遇，壞的可以藉努力及智慧來改善，好的可以用努力及智慧更求進步，這是「因緣」的觀念。個人的勤惰及智愚，可以彌補及成長，可以衰退及銷損，但也得有外在因緣的配合與否。

最近有位將軍來看我，他有一肚子的不服氣，本來他已內定要升級的，結果陰錯陽差，升級的不是他。上階的缺位很有限，錯過這次機會，以後便輪不到他了，因為牽涉到軍中的體制和資歷，一個年次有一個年次的升級倫理。他儘管嘴上說升不升沒有關係，別人升了，他還是為對方歡喜，同時也高興他可以早些退休了，但我還是看得出來。

我對他說：「你心裡不平衡也是真的。」

他說：「當然了，我依然耿耿於懷，為什麼升級輪不到我？」

如果我們在命運的改造方面加以努力的話，或許還是有希望的，我們對於前途縱然不要抱著太大的期待心，但仍要盡心盡力去做我們所能做的事。往往是塞翁失馬，有所失者也有所得。沒有新位子坐，原位子也可以坐呀！我問這位將軍接下來要做什麼，他說大概很快要辦退役了，我說：「很好哇！退役之後，前程無可限量。」我不是開玩笑，他如果盡心盡力地工作，怎會沒有前途？前途也不一定是名位和權勢。

(二) 人生是為發揮權利而生存

一般人只知向外爭取權利，但是天賦的權利是有限的，他人給我們的權利也不多，如果一味向他人、向社會爭取權利，便是一樁矛盾。我們要求這麼多權利，而這些權利又從哪裡來呢？所以我強調，至少要跟自己付出的相等，才是公平可靠的權利。

權利也不只是向外爭取這樣那樣。例如：

人人有拒絕誘惑的權利：這是很多人都沒有想到過的，尤其是對於做為一位佛教徒的人，做為一個修行者而言，要多了解自己，要能掌控自己，要履行拒絕誘惑的權利，這是很重要的。財、色、名、利等都是一個一個誘人的陷阱，這些東西如果來得很突然，接著來的，多半是禍不是福。

人人有婉謝回報的權利：比如我今天來此做一場演講，待會兒主人會給我演講費。假如我拒絕或者捐出來，一定是可以的。

人人有忍苦耐勞的權利：自己心甘情願地為子女或晚輩，為社會大眾，以及為眾生的幸福而忍苦耐勞。

菩薩可以難忍能忍，難行能行，難捨能捨，這是大修行者的權利。

類似的許多權利，隨時隨地都可以享受，諸位聽眾也可以學習。就因為享受這些權利的人太少了，我們的環境才會混亂，如果享受這些權利的人增加了，我們的社會就會祥和安定，如意自在。

應分得的權利，沒有人會批評；巧取和豪奪的不當利益，將來則要付出重大的代價。

應分的權利，有的也可以讓賢，那是一種功德，功德做得愈多，在功德庫存的信用和保障就愈大。從凡夫以至成佛，在菩薩道的路上慢慢往前走，在這個過程中，不斷地修功積德，圓滿之時，即是成佛。如果付出一點努力，馬上希望回收，做一點功德，立即求取回報，功德的庫存永遠不會增長。所以功德最好多做，回報最好少收，這個權利我們是有的。

(三) 人是為了盡其義務而生存

我們既有權利享用此一寶貴的生命，就有義務保護此一生命的存在。生命的存在也就是我們的權利，若不好好地享用這個生命的事實，就是放棄了我們對生命所擁有的權利。

我們必須愛惜自己的生命，人的生命只有短短數十年，但是很多人都不願相信。例如：我今年已經六十五歲，明明已是來日無多，今天下午在國際會議的大會中，天主教的羅光總主教還說聖嚴法師很年輕，比起他已八十二歲，我是年輕。可是，已過花甲的老人，究竟還能會活多久，就很難講了。所以不論年齡大小，遲早都會死亡。享用這個生命，是權利；不用這個生命，是浪費。

不論什麼人，只要活著，都是有用的，不要以為只有年輕力壯或身體健康的才有用，其實只要你是人，你就有用。有一次我去醫院看一位病重的老太太，她很沮喪地說：「我已經沒有用了，應該早點死了。」她的女兒卻在旁邊說了一句話：「媽，你不能死啊！」老太太說：「我活著除了連累你們，還有什麼用呢？」女兒說：「你活著，我們還有媽媽，這就是有用。」

老太太又對我說：「師父這麼忙，還來看我這個沒用的病人。」我說：「千萬別這麼以為，其實如果沒有像妳老太太這樣地需要關懷，我的慈悲，就沒有對象了，所以對我來說，妳也非常有用。」

由此可見，施者與受者，都是有用的人。能夠為人服務，當然是盡其義務，縱然是接受他人的服務，而能讓服務者感到安慰、感到成就，也算是盡其義務。

不論是施者或受者，只要是恰到好處地盡了義務，便會得到至少有三種利益：1.得到別人的尊敬；2.得到內心的安慰；3.得到無形的功德。

三、如何淨化人生

(一) 以智慧來淨化人生

以智慧觀察，因能生果，是必定的關係，雖然我剛才講過，種瓜不一定得瓜，種豆不一定得豆，但是要想吃瓜，還得有人種瓜，如果大家都不種瓜，大家也就不要想有瓜可吃了。所以，因能生果，果從因生，我們現在所遭遇的一切，不論是好、壞、順、逆、多、少，都是由過去的因而得到目前這些果。因果是平衡的；當我們得到任何結果的時候，必然要相信是跟隨著過去的因而來；當我們正在努力耕耘的時候，卻不必擔心自己的心血白白地犧牲了；努力雖不一定有理想的結果，而理想的結果，應該是從努力獲得。有這種觀念，就是一分智慧，就會不起煩惱。

以智慧觀察，此生故彼生，此滅故彼滅，因緣生、因緣滅，由因緣生滅的生善滅惡，而知不生不滅，則無煩惱。這幾句話很不容易懂，懂得它的道理之後，所有的佛法就全都懂了。

「此生故彼生」是說，因為有這個現象，所以帶動另一個現象；因為這個現象產生，所以另外一個現象也會跟著產生。由於時間的過程和空間的移動，都有相互連帶的關係，不可能有任何一樣事物是孤立孤起的，而是時間、空間、有因有緣，彼此影響而生，彼此影響而滅。由於種種因緣互動的原因，就有前後、左右、上下的關係，遂使現象產生變化。有變化，便叫作無常。一般人只知道「無常」是損壞、消失、死亡等消極面的現象，這絕對是錯誤的觀念。正確的無常思想，可以產生努力、改進、再生等積極面的效果，例如：當你受到苦難時，相信苦難是無常的，因緣改觀，便是否極泰來。在最黑的黑夜裡時，相信旭日東昇的曙光已經不遠了。有人正在得意的鋒頭上，覺得威風凜凜，不可一世；若能相信無常的道理，處在顛峰狀態，也會小心謹慎。所以，只要服膺無常的觀照，任何時刻都不致於絕望，也不致輕易地得意忘形。

正因為無常的意思是改變，人的命運，能好能壞，人品的變化，也能好能壞，所以我們法鼓山要提倡「提昇人的品質，建設人間淨土」的運動。我們的人格從小到大，我們在家庭教育、學校教育及社會環境的熏陶下，不斷地轉變，就是無常。因此，「無常」的原理，兼具消極與積極；可以說就是落空、就是無奈，也可以說就是成長、就是革新；一方面固然是逝者如斯，另一面也是生生不已，若往積極面看，無常實在太有意思了。「因緣生，因緣滅」，正是一切現象的常規，也正是無常的原理。

若能體驗到因緣生滅的自然法則，便是有智慧的人，智者就能不受暫時的成敗得失而起情緒的衝擊，那便是淨化的人生，也就是平安愉快的人生。

(二) 以慈悲來淨化人生

以慈悲來看一切眾生，每一眾生都有求生存發展、求安全保障的權利，所以中國古代的聖賢主張，當為天下人謀公利。佛教則主張，修行菩薩道的佛教徒，當以無私無求的心態，平等普濟一切眾生。因為身為佛教徒，就已受到了佛法的恩惠，就當學佛的心行、言行和身行，以菩薩道的修行為成佛的過程，故當以慈悲協助眾生。苦難的眾生，有尋求佛菩薩給予救助的權利，佛教徒則以協助他離苦得樂為本分的權利。

以慈悲來看世間的現象，眾生都有求生存活下去的權利。凡是為了求生存而產生的種種行為，都是值得諒解的，也可以說那是他們的基本權利。例如：老虎吃人，是老虎的基本權利，因為老虎只知道在饑餓的時候要食物充飢，老虎是肉食性動物，但牠們不知人類和野獸有什麼分別。人類明知老虎也會吃人而不預防，便是愚蠢。例如：今年春天，美國紐約動物園中的一隻印度大白虎，吃了一名管理員。依人類的法令，很可能是殺人者死，這隻老虎若在不文明的地區，可能會被處死，而美國終究是一個講求權利平等的國家，人有人權，虎有虎權，不知者不罪，老虎並不知道人是不可以吃的，因此這隻老虎還可以平安無事。我常說老虎吃人是平常心，人吃老虎是煩惱分別心；過去的人是因恐懼心、瞋恨心殺虎吃虎，現在的人則是因貪欲心、虛榮心殺虎吃虎。

依世間法律的規定，人犯了罪，一定要繩之於法，甚至要判死刑。然而，站在佛法的立場看，人人都有成佛的可能，基本上並沒有誰是絕對的壞人，甚至要說，人人都是好人，只是有人偶爾失足做了壞事。人做壞事，損害到他人，是不幸的事，可是人做壞事，必然有其內在的身心和外在的環境，種種因緣促成的。因此，對犯罪的人要同情、諒解。重要的是防止犯罪的措施，不是犯罪之後的懲罰。他們的確沒有權利犯罪，但我們當以慈悲心來改善他們和諒解他們。

(三) 以智慧和慈悲來淨化人生

1. 以智慧和慈悲來看人間社會，人人都會尊重各人的權利，不會互相奪取彼此的權利。

遇到父親，尊重父權；遇到母親，尊重母權；面對子女，尊重子女權；面對妻子，尊重妻權；面對丈夫，尊重夫權；面對老師、長官、老闆，都應該尊重他們的權利；面對學生、員工，也要尊重他們的權利。彼此尊重對方的權利，這是既智慧又慈悲的態度。肯定每個人都有他們的權利，這是慈悲。不去計較別人的責任和義務，心中就不會有那麼多的煩惱；我們尊重別人的權利而不計較他們的責任，這是智慧。協助他人也都知道如何盡責負責、尊重他人，便是給他人智慧，教他人慈悲。若能人人如此，不僅能夠淨化人生，也能淨化社會。

2.以智慧與慈悲來看人間社會，人人都當各盡自己的責任及義務。

從生命的過程而言，你每活一天，乃至一分、一秒、一剎那，都要盡到應盡能盡的責任、應盡能盡的義務。為什麼？因為生命本身也是一個責任，如果在這一分鐘之中不負責、不盡責任，就是放棄了自己的權利。從人生的立場而言，對我們每一種身分和每一個名分，都要盡到應盡能盡的責任，都要盡到應盡能盡的義務。

人生的責任和義務，是為償債及還願。不想還債，就成了賴債、欠債的無賴；不想還願，就成了食言輕諾的無信人。還債和還願這兩個觀念，非常重要。一般人來這個世界，是為了還債，這就是因果的觀念。不過，應該更進一步、更積極，不要想到自己是來還債的，也不要想人家是來還我的債的。應該要學菩薩心懷，是來人間實踐往昔所發的弘誓悲願的。比如：現在有很多人來支持我們法鼓山和參與各種社會福利工作，他們不是還債，他們是做的還願的修行，有的是過去生中早已發了一個慈悲的心願，有的是現在發了慈悲的心願，希望對社會有奉獻、對眾生有利益，這是救苦救難菩薩的行願。所以，凡是遇到對我們付出幫助的人，都應該感謝他，視他為來還願的菩薩；千萬不能視自己為債權人，而對方是債務人，那是倒果為因，沒有良心。相反地，我們自己不論遇到順境協助的人或遇逆境受損害時，也不要老是認為是他來還債或我來還債，如果想成是來還願，心裡會覺得愉快得多。因為還債的心情是很痛苦的事，還願的心情則是很愉快的事。

今晚這場演講，到此結束，謝謝諸位聽講，祝福大家晚安。

（一九九四年七月二十四日講於華視視聽中心）

二十一世紀的佛教徒

二十一世紀即將來臨，今天跟諸位來討論到二十一世紀時，佛教將會怎麼樣？佛教徒將會怎麼樣？佛教徒又應該怎麼樣？

首先，要聲明的是，這場演講並不是預言；不是說，我已經看到了二十一世紀，而是從今天的立足點往未來看，將會發生那些情況。我將它分成七個項目：

（一）二十一世紀將是宗教盛行的世紀

1. 很多人在預言，也在討論，說我們這個時代，進入二十一世紀時，宗教是相當重要的。因為物質文明，使自然環境的生態失去了平衡。近代的人，竭力想用科學的方法及人為的努力，改變自然。事實上，就是因了人為的破壞，使得自然生態失去平衡，我們的生活環境，變得更加危險、更不安全。

2. 今天的人類，都在緊張不安的環境中生活。特別是工商業的社會，從家庭到工作的場所，從工作到休閒的空間及時間，甚至於連睡覺、起床都在緊張、忙碌中度過。但是，宗教能夠提供我們在生活裡的安定感，使我們在緊張忙碌的生活之中得到平安。

3.很多人認為，「哲學」可以探討許多問題，解決許多問題。「科學」可以為社會、人類帶來很多的福利。事實上，哲學的思辨，陳義較高，不是一般大眾所能領會；今天的科學雖然昌明，可是，現代人並不比過去的人更幸福、更安定、更安全。

從宗教的信仰和修行，特別是佛教的修行過程中，可以體驗到，外在的環境雖然險惡不安，但是，內心的世界，卻有無限廣大的智慧和慈悲可以開發。修行的方法和觀念能幫助我們，以無限的包容心，包容一切的人、事、物；這種包容心，使人們在任何情況下，都會有安全及安定的歸宿感。

4.在今天的社會裡，每個人都忙著自己的生活，忙著享受物質，忙著自己的前途，因此對周圍有沒有關係的人都很冷漠。所以，要從宗教的、倫理的觀念來幫助我們重建人文道德。而佛教特別重視布施和持戒，這可以廣結善緣，最有助於改善冷漠的人際關係。

(二)二十一世紀將是佛教徒走向世界各民族的時代

1.從目前全世界宗教的狀況來看，信奉耶穌基督的人數最多，傳播地區最廣；包括天主教、東正教、新教各派系在內，已囊括世界五分之二的人口，遍及五大洲。伊斯蘭教徒正滲透到全世界，信仰人數僅次於基督教；預料二十一世紀初，伊斯蘭教徒的人口數將超過基督教。印度教已被列為世界第三大宗教，印度的人口相當多，教徒本來只在印度本土，現在也漸漸地傳遍了世界各地。佛教徒則由於中國大陸推行唯物主義無神論，對宗教信仰是有限制的，因此，中國大陸的佛教徒人數難以統計，故居世界總人口比率的第四位。

迄今多數的中國佛教徒，尚跟一般的民間信仰混雜不清，正信的三寶弟子則非常有限。但是，近二十年來，以臺灣為中心，正信的佛教已經在向全世界推廣之中，除了臺灣，還有日本、韓國、西藏等各系統的佛教徒，都非常努力地向全世界推動正知、正見、正信、正行的佛教。

2.由於一神論的各大宗教，仍停留於神權至上的信仰基礎上。現在，世界人類的民主與人權思想抬頭，獨立自主的人格精神運動高漲，故對西方各派的一神論宗教，不論是天主教、伊斯蘭教、猶太教等，已經顯露出若干信心動搖的危機信號。

二十年前，年紀大的人才會來學佛。許多中國的年輕人，原來是佛教背景的家庭出身，但是，後來多半都接受了天主教或基督教的信仰。近十年來，情況漸漸轉變，學佛的年輕知識分子也愈來愈多。

3.佛教在未來為什麼會有前途呢？因為佛教不否定各宗教所奉諸神的存在，也不否定各宗教的信仰價值。在宇宙起源論及人生禍福論這兩方面來講，佛教是採用眾生自主與共業共感的因果論及因緣論，不是唯神論，不是唯物的無神論，乃是緣起思想的無神論。

眾生是怎麼來的？為什麼有的人有福報，有的人有災難呢？佛經裡告訴我們，乃是因為過去造的因，現在結的果，這是「因果」的觀念；它與上帝創造並支配宇宙和人類的觀念是不相同的。諸位一定聽說過，佛教有護法神，也相信有鬼。然而，我們所說的神、鬼都是眾生。而其他宗教所說的唯一「神」，是創造宇宙的主宰；所說的眾神，是唯一神的仇敵魔鬼，或是唯一主神的扈從。在觀念上，是完全不相同的。從釋迦牟尼佛開始，佛教就不排斥其他任何的宗教信仰，也不會跟任何宗教對立。它包容一切也消融一切，可以跟任何宗教和學術思想做朋友。中國的道教如果沒有佛經翻譯，《道藏》可能無法成立；在《道藏》裡邊，許多經典都是佛教的翻版。過去，天主教、基督教到中國傳教，他們研究並且學習中國儒家的思想。在今天，他們也在研究著、學習著佛教的思想和修行方法，希望從佛教之中取得一些東西，來幫助他們改變體質，提昇品質。

目前，世界上有些宗教國家還相當保守。像原來的土耳其，如果不是伊斯蘭教徒，就不准進入國內。但是，他們也需要做生意賺錢，做生意的對象可能是佛教徒。現在當佛教徒到了土耳其，也有自由信仰自己的宗教，漸漸地，將會影響當地人的信仰。過去，只有天主教、基督教的傳教士們，到偏僻沒有開化的民族地區，幫這些落後地區的人建立唯一神的宗教信心、信仰。現在佛教徒也正在做這樣的工作；佛教專業的弘法人員，也可隨著佛教徒的踪跡而深入世界各地。

諸位可能不知道，我的書也被翻成多種國家的文字。最不可思議的是天主教教廷所在地「羅馬」，有一家書店，主動把我的一本英文書《信心銘》（*Faith in Mind*）（編案：中譯本書名為《心的詩偈——信心銘講錄》，法鼓文化出版）翻成了義大利文，在羅馬市發行，讓天主教徒們也能看到這本禪學的書。

所以，二十一世紀的世界人類，都將會有宗教信仰的自由及宗教互相容忍的共識。工商業的佛教徒們，走入宗教的專一化地區時，不再會被任何宗教歧視、排斥和迫害了。

（三）二十世紀末的佛教徒已在轉變消極出世的印象而為積極化世的宗教

1.中國人在近二、三百年來，都認為佛教是消極的、出世的、厭世的，一旦信了佛教之後，將離開社會、人群而獨自去修行。在二十年前還有人跟我說：「聖嚴法師，你不像是沒有用的人，怎麼出家做和尚呢？」十年前，有一位臺大畢業的年輕人準備跟我出家，他的父親就來跟我說：「法師，我的兒子前程似錦，不論對國家、社會、家庭都是極重要的，這樣優秀人才去出家，不是浪費了嗎？」我問他：「為什麼出家就不能奉獻？」他說：「出家以後，除了天天念經、拜佛，還有什麼事情可做呢？」這就是一般人對出家人的印象。

在二十世紀末期的今天，情況已在改變。中國大陸的寺院，已從收租修行轉變為旅遊服務。過去，大陸寺院幾乎脫離人間社會。現在，他們做的是對旅遊觀光客的服務，被現代人稱為「沒有煙囪的工業」。我去大陸訪問時，看到有些出家人，在大殿上一邊照顧香火，一邊拿著《金剛經》在念，一邊還在說著：「添油香！」高喊：「不可以照相！」也就是說，如今的大陸僧尼，不工作就沒有生活費了，這也是一種生產。當然，我們也寄望中國大陸的佛教，逐漸地將會從教義和修行的功課上去加強。

2.臺灣佛教的僧尼生活，已經從經懺、農耕，漸漸地轉變為文化、教育、社會服務。如今臺灣佛教出家人的生活，幾乎各種各樣的社會服務都在做。像辦學校、建醫院、到監獄弘法、貧病急難救濟、家庭問題、幫助戒毒、環境保護、打禪七、打佛七等修行活動。為各種層面、各種範圍的人提供修行的機會、修行的方法和修行場所。

3.中國佛教徒的年齡層次已從老太太族群轉變為各年齡層次的大眾。在過去，一般人如果不是因為年紀大或者退休了的，是不會想到學佛的。現在不論在臺灣、香港、星、馬、菲，或是美國的華人佛教信徒的年齡層次，已經是普及的。各階層的社會大眾，漸漸都在接受佛教的信仰。就像剛才我們東初禪寺的合唱團表演時，成員中就包括了老、中、青的三代。若在三十年前的過去，年紀大的佛教徒們除了念佛之外，怎麼還可能跟青年人一起上台表演唱歌呢？

4.中國佛教的僧尼素質，已從低教育程度轉變為中上教育的水準。在過去，凡是受了高等教育的青年人，不會想到要出家。因為佛教徒的一般情況來講，教育水準較低；不是教育水準高的人不需要佛法，而是他們如果出了家便沒辦法在佛教界容身。一九七五年當我獲得文學博士學位時，臺灣佛教界尚對我極為冷漠。但是，現在的臺灣、香港及星馬的僧尼，教育水準已普遍提高，一般都受過中、上等的教育。我是第一位以留學苦讀而得到博士學位的中國和尚，當我從臺灣出國赴日之際，佛教界的很多人就看準我不必等到讀完博士學位，就會還俗的；幸好未被他們猜中，如今在我的學生之中，已經有兩位出家眾拿到了博士學位。目前為止，擁有博士學位的比丘及比丘尼，在臺灣已有五位；獲得名譽博士學位的，也有五位了。

5. 中國佛教的文宣工作，已從泥古不化的講經、印經，轉變為多元化、多媒體的大眾傳播。在過去，大家主張寫經、印經的功德最大。但是，真正能把佛法普及化，是需要通過通俗的各種各樣的文字及媒體的傳播，讓他人來接觸、來接受。現在，我們臺灣已用電視、電台、報紙、錄音帶、錄影帶、音樂卡帶等種種方式傳播佛法。

過去，一場大型的講經法會，能有幾百人聽到，已經很不容易。現在通過電視、電台的弘法，再度及多番的傳播，可能就有好幾萬、幾十萬，乃至上百萬人看到、聽到。我在臺灣，不需要出廣告費或者買時段費，好多家電視台及電台，報紙及雜誌，乃至於書店、出版公司等，也會主動要我們提供節目，提供專欄及專書、出版稿件；因為佛教的節目，佛教的作品，不但聲譽佳，也能讓他們獲得社會大眾的肯定。

（四）二十一世紀的佛教徒將會有互相尊重的寬大雅量

在過去，只要提到緬甸、泰國、錫蘭等國家的南傳佛教時，中國人就會說那是小乘佛教。而南傳國家的出家人看到中國和尚時，也不承認我們是比丘。他們譏笑中國和尚說：「你們平時不穿袈裟，過了中午以後還在吃東西，哪裡像出家人？」中國和尚也不甘示弱，反唇相譏：「出家人連肉都吃，還算比丘嗎！」中國漢傳佛教的僧尼，也對藏傳的喇嘛教不以為然。

各宗派之間由於不了解彼此的思想、觀念，所以互相批評。現在，不論是顯教或者是密教大乘；大、小乘的各宗各派；出家佛教與在家佛教；佛教徒與世界各大宗教；傳統佛教與新興宗教等系統的佛教徒，都能彼此互相地謙讓，互相地尊重。

(五)二十一世紀的佛教徒將會扮演承先啟後的角色

將來專業弘法的在家佛教徒,尤其是女性佛教徒的弘法工作者,勢必大量增加。然而,還是會以出家僧團為精神依歸,並且保持佛制所規定的倫理原則:仍依比丘、比丘尼、沙彌、沙彌尼、優婆塞、優婆夷的男女、大小眾順位相處。

過去出家人對在家人的家務俗事,都不會參與或顧問。現在,我們法鼓山在臺灣提倡佛化的聯合祝壽,關懷年長者的幸福;提倡佛化的聯合婚禮,關心佛化家庭的基礎建立。許多的青年男女、中年夫婦,乃至老年居士,為了家庭、兒女、婚姻、安養修身等問題,也來請教我們出家師父。漸漸地,出家人也需要管世俗的事務,為了適應環境的需要,而做的弘化工作,也會逐日增加。但是,必須立足於化世,而不是戀世及厭世的基本觀點上來為世俗的社會服務;仍然要保持佛教的基本原則,以持戒、修定、發慧的三無漏學為先決條件,用佛法來拯救眾生脫離生死苦海為目的,否則,便會脫離佛法的淨化功能,而易於變質或成為流俗的攀緣行為,那就不是佛教的精神所在了。

如何使眾生脫離生死苦海呢？必須要用智慧。智慧又如何生起？那就要用佛法的觀念及修行的方法，來幫助我們解決煩惱、減少罪惡、增加智慧。修行的方法很多，廣則六度萬行，約則三無漏學，再簡則最實用的，我有兩句話是：「處處觀音菩薩、聲聲阿彌陀佛。」諸位一定覺得念佛號是很簡單的事，這沒什麼稀奇；可是，問題在於你是否相信觀音菩薩處處和你在一起？你是否能夠一生一世都在念阿彌陀佛呢？這也要下一番工夫了。

(六)二十一世紀的佛教徒將會以入世的方式做化世的事業

1. 戀世、厭世、混世、入世、化世的不同點在哪裡？

(1)戀世——很多人認為自己是入世，實際上，那是戀世；「戀」的意思是貪戀、留戀、追求而且放不下。

(2)厭世——是失望、怨恨、逃避現實。

(3)混世——在這個世界上，好多人在「混」，在搗蛋、擾亂、犯罪。

(4)入世——是參與，努力地做著社會的服務工作。現在，有很多的佛教徒，正在做著同樣的入世工作，這是菩薩精神；但是，入世的工作，不能離開戒、定、慧三學的基本原則。

(5)化世——是佛陀出現人間的目的，佛教徒當學佛陀的悲憫胸懷，無條件地為眾生離苦得樂而奉獻、關懷，不要求任何的回饋。

2.釋迦牟尼佛成佛的目的，是看到眾生有生、老、病、死的苦惱，生死範圍的三界，就像火宅一樣，因此，佛才出家、修道、成道、說法、度眾生。如果，我們的在家居士，已經接受佛教，而對凡夫界的生死不覺得苦，沒有想到用佛法來救濟，這不是正信的佛教徒。所以，在家佛教徒雖然擁有眷屬兒女的照顧教養，仍當以解脫三界生死之苦的法門為依歸。

3.現代天主教的修女、修士、神父們，因為參與社會的服務工作太多，與在家的異性、俗人的世務接觸的機會過多，漸漸地，也接近俗化，很容易還俗。二十一世紀的佛教也將面臨這樣的危機，將來出家人的人數會愈來愈少。因此，出家的比丘、比丘尼雖然會深入社會，做各種社會關懷的服務工作，但是，還是要以修持梵行做為出家人的依歸；出家人也必須保持每日的禪修、持誦、懺悔禮拜等的恆課。

4.佛教徒雖然將來會積極地參與文教、政治、學術、工商等工作，還是會以五戒、十善、六度等的菩薩道為依歸，否則便不是正統、正信的佛教徒了。

5.有修養的佛教徒，能夠盡其在我地進退自如；不倦勤、不戀棧，為了現實環境的需要，可大可小、能伸能屈、提得起、放得下；所以，既是社會的安定力，也是大家的好朋友。

6.為了迎接二十一世紀的來臨，佛教徒必須積極並且普遍地推展兩項工作：(1)如何修習佛法的禪定和智慧，來安定身心，消融苦惱。(2)如何修學佛法的戒律和慈悲，來清淨身心，救濟眾生。

(七) 二十一世紀是推動法鼓山理念建設人間淨土的時代

臺灣的法鼓山，正在推動「提昇人的品質、建設人間淨土」的理念。它不僅僅是一個地名，或者是我們的一個道場；凡是推動和響應法鼓山理念的人，就是在做法鼓山的工作；凡是推廣法鼓山理念的場合，便是法鼓山的道場。

法鼓山正在做什麼呢？正在從心靈的建設以及禮儀的教育這兩方面，來幫助社會大眾，做著安心、安身、安家、安業的服務。法鼓山不是一座普通的寺院，是一座學府，是一所提昇人品的修行中心，它正在建設二十一世紀的世界佛教教

法鼓山的
佛法教育是
為了落實淨化人間
的全面教育
它不僅是建設
有形的道場,同時也
淨化無形的人心,
人人都可以參與也
歡迎人人都來參與推
教育是普及教育,
讓我們共同做好一個
二十一世紀佛教徒的準備
聖嚴師父謹

育園區，包括三項教育工作：1.大學院教育，2.大普化教育，3.大關懷教育。

法鼓山的佛化教育，是為了落實淨化人間的全面教育。它不僅是建設有形的道場，同時，也淨化無形的人心。人人都可以參與，也歡迎人人都來參與辦教育及接受教育，讓我們共同做好一個二十一世紀佛教徒的準備。

（一九九四年十二月十日講於紐約華埠柏松中學，姚世莊居士整理錄音帶）

讀經與修行

一、讀經自利利人

西藏中心的諸位先生女士：

兩年不見了，此刻能與諸位再聚一堂，感覺十分歡喜。今天我所要介紹的是：讀經與修行的關係。

說到讀經，方才大家就是在齊聲誦經。所謂「經」，即是佛所說的法要；在佛教的三藏典籍中，「律」是佛所制的戒律，屬於身、口的行為規則；「論」則是佛弟子們對於佛法義理的思辨。讀經可以令人生定、發慧；因之，在漢地，不論任何宗派都主張要誦經。即使是我個人所修學的禪宗，也不例外。

諸位知道禪宗是教外別傳，一向不立文字。對於經典，禪門祖師常有驚人之語。如有一位禪師就曾表示：「佛經不過就是擦瘡瘤的廢紙！」藥山惟儼禪師則把看佛經當作遮眼。有一次門下弟子問他：「既然不立文字，不需通過經典，請問師父看經作什麼？」惟儼禪師答道：「我把它當遮眼的看！」這些妙語另有寓意，然而由此二例觀來，禪門似乎慣於漠視經典。事實不然，禪宗非但重視經典，尤其特別偏重《楞伽經》和《金剛經》。剛才大家一起讀誦的《心經》，也是禪門的日課之一。《金剛經》與禪宗頗有淵源。六祖惠能大師就是聽到人家誦《金剛經》而開悟的。所以，自己讀了雖然不能當下開悟，還是有用；何況也有可能由你讀了佛經而給別人開悟哩！

讀經大約有四種方法：一是眼讀，即默看而不出聲音；二是朗誦；三是唱誦；四是持誦。一般講「讀經」，是指讀完一本經書後，再去另閱其他經書。「持經」則不同，那是經年累月，持之以恆地反覆讀誦同一部經書。

二、讀經的依據

然而讀經、持經的依據何在呢？也許諸位不免有如此的疑惑。現在讓我們就學術的觀點來分析介紹。

在小乘經、律及原始佛典中不難看出，或讀、或持、或誦佛經是一種共修的方法。如《中阿含經》卷五十二的《周那經》兩次提及：「持經、持律、持母者。」《十誦律》卷四：「若阿練兒阿練兒共，持律持律共，說法說法共，讀修妬路讀修妬路共。」又《五分律》卷三云：「少欲知足少欲知足共、樂靜樂靜共、誦修多羅誦修多羅共、持律持律共、法師法師共，……坐禪坐禪共。」這就說明比丘、比丘尼、優婆塞、優婆夷都需要會誦經或誦律。而且，讀經是重要的三種修行方法之一。文中的修妬路及修多羅，都是梵文的經典之意。

大乘的經律更進一步闡揚讀經的功德與功能。如《法華經》裡面所載的修行方法不勝枚舉。但是這部共計二十八品的經書，卻有十八品都在讚歎讀經的功德。如卷六的〈法師功德品〉第十九云：「若善男子、善女人，受持是《法華經》，若讀若誦、若解說、若書寫，……以是功德，莊嚴六根，皆令清淨。」讀經可以使得眼、耳、鼻、舌、身、意六根清淨，是《法華經》上提到的。還有《金光明最勝王經》卷七的〈大辯才天女品〉也記載說：「若有苾芻、苾芻尼、鄔波索迦、鄔波斯迦，受持、讀誦、書寫、流布，是妙經王，如說行者，……皆令速渡生死大海，不退菩提。」菩提心不退，也就菩提果不退。

弘揚彌陀淨土的有兩部經典也曾提及持經的功德。如《阿彌陀經》云：「若有善男子、善女人，聞是經、受持者、及聞諸佛名者，……皆得不退轉於阿耨多羅三藐三菩提。」《無量壽經》卷下亦云：「設有大火，充滿三千大千世界，要當過此，聞是經法，歡喜信樂，受持讀誦，如說修行。……於無上道終不退轉，是故應當專心信受，持誦說行。」

另外，大乘的戒經也明白指出為亡者追薦，可以讀大乘經律，如《梵網菩薩戒經》卷下：「父母兄弟和上阿闍梨亡滅之日，及三七日，乃至七七日，亦應讀誦、講說大乘經律，齋會求福。」

在印度當時，讀誦佛經，旨在解義及禪修。傳到中國後，誦經逐漸演變為祈願、迴向之用。甚至有做為祈雨、禳災、福國、祐民乃至除病解厄的。導致元朝以降，漢地有以誦經為職業的僧尼及俗眾，這豈是佛陀的本意！

三、中日兩國的讀經修行方法

(一) 讀經的作用

讀經的作用是什麼呢？善導大師曾將經書譬喻作明鏡，用來反觀自心。他在

《觀無量壽佛經疏．序分義》裡就說過：「言讀誦大乘者，此明經教喻之如鏡，數讀數尋開發智慧。若智慧眼開，即能厭苦欣樂涅槃等也。」所以，我們讀經的時候，要觀照自己的言行乃至心念，是否有違佛陀的教化？若有違失之處，應當趕緊改過，依經書所說，如法修行。

（二）中國佛教的讀經記錄

中國佛教的僧俗四眾，不論禪宗、淨土宗、天台宗或華嚴宗等，無一不以讀經為入門的必須方法。《法華經》卷四的〈法師品〉，即以受持、讀誦、解說、書寫、供養為「五品法師」，以此五項修行者，可為法師。大乘經典裡面常見讚歎讀經功德的文字，意在鼓勵四眾弟子讀經。因此，《阿彌陀經》、《法華經》、《華嚴經》、《金剛經》、《心經》、《維摩經》等，廣為持誦（見《阿彌陀經不思議神力傳》、《弘贊法華傳》、《華嚴經傳記》、《金剛般若集驗記》等書）。其中又以讀誦《法華經》及《阿彌陀經》的人最多。

方才大家在念《心經》之時，我注意到有好幾位同修不需要看經本。記得我還是小沙彌的時候，我師父就曾經要求我把《心經》先背起來。然後依次背《阿彌陀經》、《金剛經》和《法華經》。《法華經》有七萬多字，我並沒有全部背下來，但是那個背了的部分很管用。其實真正的持經，不能光用看的，最好能夠熟記於心，把它背出來。不但經書需要會背，咒語也應該能倒背如流；這樣子才可以隨時隨地持誦。中國的顯教雖然有別於密宗，但是也誦各種咒語。長的如〈楞嚴咒〉、〈大悲咒〉，短的有十小咒、〈六字大明咒〉……。這些都是近數百年來中國禪僧每日必誦的。誦咒語時並不一定要了解它的意思，但卻一定要用「持」，而不僅是能讀就好。

中國歷代高僧中，頗不乏專門持經的修行人。他們的事蹟散見於梁、唐、宋、明四代所編之《高僧傳》。如《高僧傳》卷十二，載有誦經者二十八人。《續高僧傳》卷二十八，計有讀經者二十一人。《法苑珠林》卷十八也有四十一個例子。而《宋高僧傳》卷二十四、卷二十五則收錄了五十個專門誦經的出家人。《高僧傳》中有一篇敘述華嚴宗的第四祖，說他在五臺山修行之初，某天夜裡聽到隔壁僧人在誦《華嚴經》，他於是凝神靜聽，似乎只有一盞茶的工夫，八十卷的《華嚴經》已然誦畢。這是異乎尋常的事，因為《華嚴經》每卷有一萬字左右，普通人即使能夠日誦十卷，也需要足足八天才能誦滿一部。（編案：此段故事未見於《高僧傳》，在《華嚴感應緣起傳》第一卷，〈適會神僧〉一篇中則有類似的記載，主角並非華嚴宗第四祖清涼澄觀大師，而是唐苑律師，聽到的並非《八十華嚴》而是《六十華嚴》。）

（三）日本佛教的讀經方法

日本自從派遣入唐僧求經以來，一直到本世紀初，沒有將佛經日語化，仍是完整地保留漢文經典，而且僧團誦經也是直接採用漢語發音。所以，日本人誦經十分辛苦。首先得要學會中國的吳音及漢音，然後才能讀誦。因此，他們讀漢文經典有兩種方式：一是音讀，即直接讀吳音或漢音。二是訓讀，以漢語發音，照日文的意思來解讀。一般說來，個人自習用訓讀，團體共修則用音讀。諸位可以想見，日本人誦經，如同我們讀陀羅尼咒一般，若不解義則茫然無緒。（有人問我，陀羅尼是什麼？陀羅尼是總持的意思。某尊佛、菩薩所說的陀羅尼，即代表著那一尊佛或菩薩所有的功德和願力。）然而，難能可貴的是，他們所讀誦的都是十分浩瀚、繁長的大經。如《大般若經》、《涅槃經》、《華嚴經》、《法華經》等。諸位要不要試試看，不讀英文的佛經，而改以中文代之？這個不容易！所以，日本人這種讀經的精神，令人敬佩。

不過，日本人音讀佛經，又可分作四種。一是「真讀」：即全經逐字、逐音從頭到尾讀遍。二是「轉讀」：單只讀經題，而不讀經文，然後在念經題的時候，便一邊快速地將經典一卷卷翻過去。此法又稱為「略讀」。這個讀法很有趣，我在日本也見識過。有一次我到某個寺裡去，聽說當天要誦經，便問道：「今天要誦什麼經啊？」他們說：「《華嚴經》！」我很詫異地說：「《華嚴經》這麼長，一天誦得完嗎？」想不到他們一致答說：「沒問題！沒問題！」原來，他們一面唱念「《南無大方廣佛華嚴經》……」一面不停地一冊接一冊地翻書，所以，八十卷很快就翻完了。照這種特殊方式，即使是六百卷的《大般若經》也難不倒他們。據我所知，這種讀經法在西藏及漢地，尚未出現，只不知道韓國有沒有類似的方法？第三種方法是「心讀」。顧名思義，就是在心裡默念。這種方法在中國十分普遍，便是不出聲地默讀。許多人在上洗手間的時候，不便出聲誦經或稱名；因為出聲不恭敬，所以就在心裡默默稱誦。最後一種是配合身體動作的「色讀」，亦稱「體讀」，有跪讀和拜讀。跪又分坐跪及長跪。日本人習慣坐跪，中國人則多長跪。集體念經的時候，則不分中、日，慣常配以各種法器，如大磬、引磬、鈴、鼓、木魚及鐘等。而在巴利文或梵文、藏文流通之處，讚頌時也有樂器，讀誦時就沒有用到這些法器伴奏。

（四）佛教徒讀經的方式

一人讀經，多半專持同一部經。有人專持《華嚴經》，有人單誦《法華經》。這兩部經的感應十分殊勝。曾經有人專門持誦《華嚴經》，結果感召天神來送供，餐餐都不需要去外面乞化。也有某位修行人誦了幾千部的《法華經》，死後口中生出蓮花來。這莫非是一種舌菌？蓮花不是長自水中嗎？怎會出現在死人的嘴裡呢？不過，傳記上確是如此記載的。

中國人習慣在誦經前先念〈淨口業真言〉及〈開經偈〉。經文念完後，則念〈補闕真言〉和〈迴向偈〉。有人念經的時候，妄念不斷，最後就多誦幾回〈補闕真言〉。西藏也有一套類似的咒語，用來懺悔補救念經時候，心念不能集中的過失。

在準備讀經之前，先要洗手、漱口、整潔衣服，具備威儀。然後設經桌、供佛像，並奉上香、花、燈、燭和飲食等供品。這樣子就能夠生出恭敬心。至於讀經的姿勢，則可因時間的長短而各有不同。短時間誦經通常是用站的或用跪的。

在中國，佛教徒的早、晚課都是用站的。可以連續站兩個小時。長時間讀經則多半採坐姿；或用趺坐或用椅坐。南傳及藏傳以及日本讀經，多用盤坐或跪坐。

有一種修行方法，是用拜讀的。在中國，除了拜《法華經》，也有拜《華嚴經》或《金剛經》等的。在選定拜某一部經典之時，要先讀誦流利，然後再從經首至經末，逐字、逐句、逐段、逐頁地拜讀。每念一個字，就做一個禮拜，同時須稱念經中與會的佛菩薩名號。如「如是我聞」四字，讀到「如」字就拜下去，然後邊拜邊唱：「南無《妙法蓮華經》，南無法華會上佛菩薩。」若是拜《華嚴經》的話，就改唱：「南無《大方廣佛華嚴經》，南無華嚴會上佛菩薩。」這種方法我曾經修過。

日本有一個獨尊《法華經》的〈方便品〉及〈壽量品〉的日蓮宗，但他們光是唱念經題，而沒有逐字禮拜。當你拜的時候，不可一味求快，而要恭敬從容。《法華經》拜完就是七萬多拜。藏密的四加行裡邊，有一種加行要拜十萬大禮拜。所以，拜完《法華經》也就是相當於一種的加行了。

四、讀經的功能

讀經的功能約略可分為六種。當然！法無定法，如果在座有人知道第七種，甚或更多，歡迎提出來討論參考。

（一）讀經是為明心

時時讀經就像是時時用明鏡來照心一樣，煩惱無明就會減少。

（二）讀經是為解義

每讀一次經，就會對經典的玄文奧義多一分認識。依據中國的傳統，師父在授經時，通常不解釋意思，而只是要求你不斷地去念。我做小和尚的時候，曾經請教過師父：「經裡面說的是什麼意思呢？」師父卻說：「多讀呀！多讀幾次就會懂的。別人告訴你的有限，自己熟讀了，自然懂得更多。」當初我頗覺懷疑，現在卻不由得不相信了。如今我把相同的答案告訴弟子，他們也同我當年一樣，無法接受。甚且還會高聲抗議：「為什麼不先解釋一下呢？還不懂得就讀，有什麼用。」

（三）讀經是為修定

我教導學生，讀經時要都攝六根，口裡專意念誦，耳朵仔細傾聽念出來的聲音，不必去理會經文的意思。獨自自修的時候，因為別無選擇，只好自念自聽。但是人多的時候，最好是聽別人念出來的聲音；不論是聽群體合念的聲音，或是某一個特定對象比較穩定順暢的聲音都好。聽自己的聲音很不容易得定。可惜凡夫往往執著於自己的聲音。因此，讀經還是跟多數人一起讀比較好。請問諸位：剛才讀《心經》的時候，是聽自己的聲音呢？還是聽別人的？兩者大概都有吧！

（四）讀經是為弘法

我剛才開頭的時候提到，六祖惠能大師因為聽到人家讀誦《金剛經》至「應無所住而生其心」，便於言下豁然開悟。所以，讀經的人自己不開悟沒有關係，能夠讓別人開悟也很好。因此，你在誦經時，說不定真的有人聽了你念經，引發善根。曾有個朋友告訴我，他原本是不信佛的，有一次在旅途中，枯坐船艙百般無聊，心裡異常煩躁；後來，因為一位女士不斷在旁誦經，他聽了覺得受到安撫，一顆躁鬱的心便逐漸安定下來。他自忖：「聽到別人念經都這麼好，自己來讀豈不更佳？」後來就因為這個因緣，他也開始讀經，終於變成了正信的三寶弟子。

（五）讀經是為了護法

在大乘經典裡面，多方提及，佛滅度之後，凡是有人受持讀誦佛經，就等於佛住於世，此人居處即得十方諸佛及護法龍天護持。護持佛法僅是將佛經擺著是不夠的，應當進一步受持讀誦。

（六）讀經是為超度及祈福

不論大、小乘的佛教徒都相信臨命終時，親友為亡者以做佛事來超度的功德。我們通常以誦經來超度亡者。我們的禪中心有一位西方人，一向只知參禪打坐，結果，他的一位摯友於去年過世了，他就來問我：「師父呀！我的朋友過世了，怎麼辦呢？可以用打坐來幫助他嗎？」我告訴他：「你還是誦經吧！」因為這個關頭，打坐不如誦經來得直接有利。

為亡者誦經的作用是什麼？簡單地說，是運用佛力，將已逝的人召回，讓他來聽經聞法，進而得以解脫。如若亡者已往生他界或已轉生，也無妨。因為在我們誦經時，自己便在修行，即有功德；並且常有許多肉眼不見的無形眾生在旁聽聞，獲得法益。因為這些眾生得到法益，使得亡者有了功德；畢竟「經」是為他誦的。所以《梵網經》提到，如果父母、兄弟、和尚、阿闍梨亡滅之日，及三七日、乃至七七日，亦應讀誦、解說大乘經律。能夠使得死者及無形的眾生同霑法益，發菩提心，將來共成佛道。

誦經可以超度新死亡靈，同樣也可以追薦亡故已久的死者，只是力量小得多。因為死者可能早已轉世了，不能來聽經，但是替他誦經做佛事，幫他結其他眾生的善緣，仍是不無助益。附帶地，這裡有兩個觀念請大家留意：第一，我們自己平常就要常常聽經聞法，自求多福。不要等到死後才由別人來代勞。第二，經上說「三七日或七七日」，指的是從臨終之日算起至二十一天或四十九天內，要盡快替死者做布施、設供、誦經、念佛號等的佛事，而不是叫你等到那時才做。

總之，誦經既能嘉惠生者，又可資益亡人，可說是冥陽兩利的事。一切眾生，不論天、人、鬼神，乃至有靈的畜牲，凡是未出離三界的，都需要讀經修行；這也正是我今天在此叨叨絮言的本意。

（本文係作者應邀講於一九九四年十一月五日的紐約西藏中心，英文題目是「Reading Sutras as a Spiritual Practice」，已在《禪通訊》摘要發表，中文全文則由果育游貞苓居士根據錄音帶整理成稿）

國家圖書館出版品預行編目資料

禪門 / 聖嚴法師著 . -- 三版 . --
臺北市 : 法鼓文化 , 2016.12
面； 公分
ISBN 978-957-598-732-9(平裝)

1. 禪宗 2. 佛教修持

226.65 105020099

禪修指引 10

禪門
Chan Gate

著者 聖嚴法師
插畫 劉建志
出版 法鼓文化
總監 釋果賢
總編輯 陳重光
編輯 詹忠謀
封面設計 黃聖文
美術編輯 Rooney Lee
地址 臺北市北投區公館路一八六號五樓
電話 02-28934646
傳真 02-28960731
網址 http://www.ddc.com.tw
E-mail market@ddc.com.tw
讀者服務專線 (02)2896-1600
初版一刷 一九九六年七月
三版一刷 二〇一六年十二月
建議售價 新臺幣二〇〇元
郵撥帳號 50013371
戶名 財團法人法鼓山文教基金會—法鼓文化
北美經銷處 紐約東初禪寺
Chan Meditation Center (New York, USA)
Tel: (718) 592-6593 Fax: (718) 592-0717